Der Post-Überweisungs- und Scheckverkehr.

Vortrag, gehalten
auf Einladung der Ältesten der Kaufmannschaft von Berlin
in der Aula der Handelshochschule am 3. Dezember 1908

vom

Geheimen Ober-Postrat **Max Aschenborn,**
Vortragender Rat im Reichs-Postamt,

nebst einem Abdruck der

Postscheckordnung

mit Ausführungsbestimmungen und Formularen.

Berlin 1909.
J. Guttentag, Verlagsbuchhandlung,
G. m. b. H.

Inhaltsverzeichnis.

Vortrag

gehalten

auf Einladung der Ältesten der Kaufmannschaft von Berlin in der Aula der Handelshochschule Berlin am 3. Dezember 1908

vom

Geheimen Ober-Postrat **Aschenborn,**

Vortragender Rat im Reichs-Postamt.

Es ist Ihnen allen bekannt, mit welcher Deutlichkeit und Dringlichkeit die schwierige Lage, in der sich unser Geldmarkt in den letzten Jahren befand, uns vor Augen geführt hat, wie notwendig es ist, daß ein Volk mit den ihm zur Verfügung stehenden Barmitteln so haushälterisch wie möglich umgehe. Die kritischen Zeiten haben uns gezeigt, daß, so uneingeschränkte Anerkennung der hohen Entwicklung unseres Handels, unserer Industrie und Landwirtschaft gezollt werden muß, die Art des Zahlungsverkehrs in Deutschland dieser Entwicklung nicht gebührend Rechnung getragen hat, sondern sehr rückständig geblieben ist, und daß es dringend notwendig ist, hier Wandel zu schaffen.

Ihre Körperschaft, insbesondere Ihr Herr Präsident, hat sich um die deutsche Volkswirtschaft in hohem Maße dadurch verdient gemacht, daß Sie immer wieder mit Offenheit und Energie auf die unserem Zahlungssystem anhaftenden Übelstände hingewiesen haben, und daß Sie unter den Vorkämpfern, die an Stelle des veralteten Systems einem neuen, unseren wirtschaftlichen Fortschritten entsprechenden Zahlungssysteme, dem Giro- und Scheckverkehr, den Weg bahnen wollen, in der ersten Reihe stehen.

Ich darf deshalb wohl annehmen, daß es gerade in Ihrem Kreise mit besonderer Befriedigung begrüßt wird, daß mit dem Beginn des nächsten Jahres die deutschen Postverwaltungen mitwirken werden, um das auch von Ihnen erstrebte Ziel zu erreichen, die Inanspruchnahme der Barmittel für den Zahlungsverkehr auf das notwendigste Maß zu beschränken.

Meine Aufgabe soll es nun sein, Ihnen heute eine kurze Darstellung darüber zu geben,

1. wie ist die Organisation des Post-Überweisungs- und Scheckverkehrs, des neuen Betriebszweigs der deutschen Postverwaltungen, geplant,
2. wie wird sich das Verfahren im Verkehr mit den Inhabern von Postscheckkonten und mit dem Publikum überhaupt gestalten.

1. Die Organisation.

Innerhalb des Reichs-Postgebiets sind neun Postscheckämter eingerichtet und zwar in: Berlin, Danzig, Breslau, Leipzig, Hamburg, Hannover, Cöln, Frankfurt (Main) und Karlsruhe (Baden). Jedes Postscheckamt umfaßt mehrere Ober-Postdirektionsbezirke; zu dem Postscheckamt in Berlin gehören die Ober-Postdirektionsbezirke Berlin, Frankfurt (Oder), Potsdam, Magdeburg und Stettin. Das hiesige Postscheckamt ist in der Dorotheenstraße in dem Gebäude des Postamts Nr. 7 untergebracht.

Neben den Postscheckämtern werden aber auch sämtliche Postanstalten einschließlich der Postagenturen in den Dienst des Postscheckverkehrs gestellt. Allerdings werden die Postanstalten bei der Kontoführung im engeren Sinne nicht beteiligt sein; jede Postanstalt ist aber verpflichtet, bare Einzahlungen auf Postscheckkonten entgegenzunehmen, ohne Rücksicht darauf, bei welchem Postscheckamt das Konto, für das die Einzahlung erfolgt, geführt wird. Auf der anderen Seite ist jeder Kontoinhaber in der Lage, das Postscheckamt, bei dem sein Konto geführt wird, mittels Schecks anzuweisen, aus seinem Guthaben Barauszahlungen durch Vermittelung einer beliebigen Postanstalt an die aufgegebene Adresse gelangen zu lassen.

Den Postscheckämtern selbst liegt die Führung der Konten ob. Sie haben die Einzahlungen, die bei den Postanstalten oder den Kassen der Postscheckämter zugunsten von Postscheckkonten gemacht werden, dem Konto gutzuschreiben, ferner die von den Kontoinhabern gewünschten Auszahlungen zu veranlassen und natürlich auch den Giroverkehr, d. h. die Überweisungen von einem Konto auf ein anderes Postscheckkonto, sei es desselben oder eines anderen Postscheckamts, durchzuführen.

Die Grundlage für den Verkehr sowohl der Postscheckämter als auch der Postanstalten bildet die vom Reichskanzler erlassene, im Reichsgesetzblatt Seite 587 veröffentlichte Postscheckordnung vom 6. November. Zu dieser Postscheckordnung sind vom Reichs-Postamt Ausführungsbestimmungen erlassen. Die amtliche Ausgabe der Verordnung nebst den Ausführungsbestimmungen ist an den Schaltern der Postanstalten und im Buchhandel zu beziehen für den Preis von 20 ₰.

Um eine einheitliche Handhabung des neuen Betriebszweigs bei den Postanstalten und den Postscheckämtern sicherzustellen, sind für diese besondere Dienstanweisungen ergangen.

Was den Geltungsbereich der vom Reichskanzler erlassenen Postscheckordnung betrifft, so umfaßt er nur das Reichspostgebiet, also nicht Bayern und Württemberg, die ihre selbständigen Postverwaltungen haben. Mit ganz besonderer Freude ist es zu begrüßen, daß gleichwohl der Postscheckverkehr auch in diesen beiden Bundesstaaten mit dem 1. Januar

1909 eingeführt werden wird. Die Zahl der Postscheckämter innerhalb des Deutschen Reiches wird, da in Bayern 3 Ämter und zwar in München, Nürnberg und Ludwigshafen und in Württemberg 1 Amt in Stuttgart errichtet wird, insgesamt 13 betragen. Die bayerischen und die württembergischen Verordnungen über das Postscheckwesen befinden sich in völliger Übereinstimmung mit den für das Reichs-Postgebiet erlassenen Vorschriften, insbesondere werden die gleichen Formulare zu Zahlkarten, Schecks und Überweisungen zur Verwendung gelangen und die gleichen Gebühren erhoben werden. Durch ein zwischen den drei deutschen Postverwaltungen geschlossenes Übereinkommen ist auch sichergestellt, daß im Verkehr mit dem Publikum das Deutsche Reich sich als ein einheitliches Postscheckgebiet darstellt. Es macht für den Einzahler und Empfänger keinen Unterschied, ob ein beim Postamt in Tilsit mittels Zahlkarte eingezahlter Betrag einem Konto beim Postamt in Frankfurt (Main) oder in Stuttgart oder München gutgeschrieben werden soll.

Hat der Inhaber eines Kontos beim Postscheckamt in Berlin eine Barzahlung nach einem in Bayern gelegenen Orte zu leisten, so tritt die Vermittelung der bayerischen Postanstalt unter den völlig gleichen Bedingungen ein, wie wenn die Bezahlung durch eine Postanstalt des Reichs-Postgebiets zu vermitteln wäre. Auch hinsichtlich der

Ueberweisungen von einem Konto auf ein anderes Postscheckkonto, also hinsichtlich des Giroverkehrs, wird es völlig gleichgültig sein, ob z. B. die Überweisung vom Postscheckamt in Berlin an das Postscheckamt in Leipzig oder in Nürnberg oder in Stuttgart geht. Der Postgiroverkehr umfaßt also gleichfalls das ganze Deutsche Reich. Damit ist dem Giroverkehr ein gegenüber den bisherigen Verhältnissen außerordentliches weites und fruchtbares Gebiet erschlossen und es darf, wenn die Förderung dieses Verkehrs bei allen Beteiligten genügende Unterstützung findet, erhofft werden, daß der Postgiroverkehr nicht unerheblich dazu beitragen wird, die finanzielle Leistungsfähigkeit Deutschlands zu kräftigen. Daß die Pflege des Überweisungsverkehrs den Postverwaltungen ganz besonders am Herzen liegt, darüber lassen die Vorschriften der Postscheckordnung und der Ausführungsbestimmungen über die Ausgestaltung des Verfahrens keinen Zweifel.

2. Das Verfahren.

Wenn ich nun zu einer kurzen Schilderung des Verfahrens übergehe, so kann ich zunächst betonen, daß bei der Ausarbeitung des Planes für das neue Verfahren die Postverwaltungen von dem dringenden Wunsche geleitet worden sind, für die Kontoinhaber das Verfahren so bequem wie irgend möglich zu gestalten, allerdings ohne die unbedingt erforderliche Sicherheit und Zuverlässigkeit des Betriebs außer acht zu lassen. Gleichwohl ließ es sich nicht umgehen, den Teilnehmern am Postscheckverkehr zuzumuten, daß sie sich mit einigen neuen, vom Bankverkehr abweichenden Formen des Überweisungs- und Scheckverkehrs vertraut machen. Solche Abweichungen finden ihre Rechtfertigung darin, daß der Postscheckverkehr für alle Kreise der Bevölkerung zugänglich sein soll, daß jedermann, auch wenn er selbst kein Postscheckkonto besitzt, Einzahlungen auf ein Konto machen und Zahlungen aus dem Guthaben eines Kontoinhabers empfangen kann, sowie endlich, daß, abgesehen von den Postscheckämtern, sämtliche Postanstalten im Deutschen Reiche in den Dienst des Postscheckverkehrs gestellt werden.

Was die Einzelheiten des Verfahrens betrifft, so kann es nicht meine Aufgabe sein, heute alle Vorschriften der Postscheckordnung eingehender zu erörtern; ich muß mich vielmehr darauf beschränken, in allgemeineren Umrissen ein Bild des neuen Verfahrens vor Ihnen zu entrollen.

A. Wer ist berechtigt, sich ein Postscheckkonto eröffnen zu lassen? Die Antwort hierauf lautet: Jedermann. Die Postscheckordnung hat den Postscheckämtern nicht die Befugnis vorbehalten, einen Antrag auf Eröffnung eines Kontos abzulehnen, etwa aus dem Grunde, weil die Vermögensverhältnisse des Antragstellers unsicher erscheinen. Die persönlichen Verhältnisse des Antragstellers dürfen die Postscheckämter nur insoweit interessieren, als in rechtlicher Beziehung seine Verfügungsfähigkeit in Frage kommt. Der Antragsteller muß sich nur darüber klar geworden sein, daß er auf seinem Konto dauernd eine Stammeinlage von 100 ℳ halten muß, über die er, solange sein Konto besteht, nicht verfügen kann.

Auch Ausländer können ein Postscheckkonto nehmen. Sollte jemand ein Interesse daran haben, für einzelne Zweige seines gewerblichen Unternehmens, für die getrennte Kassen geführt werden, je ein besonderes Postscheckkonto zu führen, so steht dem nichts entgegen. Die Konten müßten dann so bezeichnet werden, daß eine Verwechselung tunlichst ausgeschlossen ist. Besitzt z. B. Kaufmann Friedrich Schulz in M. eine Ziegelei und außerdem eine Zementfabrik, so könnten die Konten bezeichnet werden,

Konto-Nr. X „Kaufmann Friedrich Schulz (Ziegelei) zu M." und

Konto-Nr. Y „Kaufmann Friedrich Schulz (Zementfabrik) zu M.".

Für beide Konten müßte eine Stammeinlage von je 100 ℳ eingezahlt werden.

Zu den Anträgen auf Eröffnung eines Postscheckkontos werden Formulare (Anl. 1) an den Schaltern der Postanstalten unentgeltlich abgegeben. Auf der

Rückseite des Formulars sind einige Bemerkungen über die Ausfüllung enthalten. Ich möchte deshalb hier nur folgendes erwähnen:

Wünscht eine Handelsfirma, Aktiengesellschaft, eine Körperschaft, ein Verein usw. ein Konto zu haben, so muß der Antrag selbstverständlich von den Personen unterschrieben werden, welche zur Vertretung der Firma, Aktiengesellschaft usw. befugt sind. Die Satzungen der Gesellschaft, des Vereins oder der Körperschaften brauchen dem Antrage nur dann beigefügt zu werden, wenn die Gesellschaft usw. nicht im Handelsregister, Vereinsregister, Genossenschaftsregister eingetragen ist. Auch müssen die Vertreter solcher nicht eingetragenen Gesellschaften usw. durch glaubhafte Schriftstücke ihre Legitimation zur Vertretung nachweisen. Das Postscheckamt kann unter Umständen die Vorlegung eines amtlichen Zeugnisses in Anspruch nehmen.

Geht dagegen der Antrag auf Eröffnung eines Kontos von einer Handelsfirma, einer Aktiengesellschaft, einem im Vereinsregister eingetragenen Verein, oder einer eingetragenen Genossenschaft aus, so bedarf es weder der Vorlegung der Satzungen noch auch einer besonderen Legitimation der Vertreter, da die Postanstalten über deren Verhältnisse durch die Bekanntmachungen in den öffentlichen Blättern unterrichtet sind.

Eine Beglaubigung der Unterschrift unter dem Antrag auf Eröffnung eines Kontos ist nicht erforderlich. Will eine Ehefrau ein besonderes Konto auf ihren Namen halten, so muß der Ehemann zum Zeichen seines Einverständnisses den Antrag mitunterschreiben. Ist der Antrag unterschrieben, so ist er entweder offen am Schalter der Postanstalt abzugeben, von welcher der Antragsteller seine Postsachen erhält, oder in einem an diese Postanstalt adressierten, unfrankierten Briefumschlage in einen Briefkasten zu legen.

Übrigens sind die Postscheckämter angewiesen, auch solche Anträge auf Eröffnung eines Kontos entgegenzunehmen, welche ohne Vermittelung einer Postanstalt bei ihnen eingehen, oder zu denen das amtliche Formular nicht benutzt worden ist, oder die beim Postscheckamt mündlich gestellt werden. Es kann aber, um Rückfragen des Postscheckamts bei der Postanstalt zu vermeiden, nur empfohlen werden, den Antrag bei der Postanstalt, durch die der Antragsteller seine Postsachen erhält, einzureichen.

Wie Ihnen bekannt ist, sind die Postscheckämter und Postanstalten angewiesen, Anträge auf Eröffnung eines Kontos bereits vom 1. Dezember ab anzunehmen. Der eigentliche Betriebsdienst, also auch die Annahme von Einzahlungen auf Zahlkarten wird aber erst nach dem 31. Dezember eröffnet werden. Bis dahin muß also auch die Einzahlung der Stammeinlage, sowie der Preise für die bestellten Scheckhefte und Zahlkartenformulare ausgesetzt bleiben.

Die bei den Postscheckämtern durch Vermittelung der Postanstalten oder unmittelbar eingehenden Anträge werden nun in der Weise bearbeitet, daß jedes neue Konto die nächste offene Kontonummer erhält. Für den Kontoinhaber werden die bestellten Formulare an Zahlkarten und Scheckheften, sowie von Amtswegen die Überweisungsformulare und Giropostkarten durch den Aufdruck seiner Kontonummer und der Bezeichnung seines Kontos fertig gestellt und an seine Adresse gesandt.

Gleichzeitig erhält der neue Kontoinhaber vom Postscheckamt zwei Formulare (Anl. 2), auf denen er seine Unterschrift in der Form, wie er die Schecks und Überweisungen unterzeichnen wird, abgeben soll. Will der Kontoinhaber noch andere Personen zur Ausstellung von Schecks und Überweisungen ermächtigen, so haben auch diese Personen ihre Unterschrift auf demselben Formular zu zeichnen. Durch die Einforderung der Unterschriften soll das Postscheckamt in den Stand gesetzt werden, die Echtheit der Unterschriften auf den bei ihm zur Einlösung vorgelegten Schecks und Überweisungen zu prüfen. Es muß also die Gewißheit gegeben sein, daß die dem Postscheckamte auf dem erwähnten Formulare mitgeteilten Unterschriften echt sind. Diese Gewißheit würde sich dadurch erreichen lassen, daß die Echtheit der Unterschriften durch eine Urkundsperson beglaubigt würde; ein solches Verfahren würde aber für den Kontoinhaber mit

Weiterungen und Kosten verbunden sein. Es ist deshalb für den Postscheckverkehr davon Abstand genommen worden, die Beglaubigung der Unterschrift zu verlangen, in der Erwägung, daß die Echtheit der Unterschrift schon dann nicht in Zweifel gezogen werden kann, wenn unbedingt feststeht, daß das Formular zur Abgabe der Unterschrift in die Hände des Kontoinhabers selbst und nicht etwa in den Besitz einer fremden Person gelangt ist. Aus diesem Grunde werden die Postscheckämter die Formulare zur Abgabe der Unterschriftserklärung dem Kontoinhaber mittels eingeschriebenen Briefes mit dem Vermerke „Eigenhändig" und gegen Rückschein übersenden. In der gleichen Weise werden auch die Scheckhefte, sowie die Hefte mit Überweisungen und Giropostkarten an die Kontoinhaber gesandt werden. Eine derartige Adressierung trägt bei Sendungen an eine Aktiengesellschaft, eine Korporation usw., die satzungsgemäß von mehreren Personen gemeinschaftlich vertreten wird, den Übelstand in sich, daß die Bestellung der Sendung, da sie nur bei gleichzeitiger Anwesenheit von mehreren Vertretern an diese ausgehändigt werden kann, in der Praxis auf Schwierigkeiten stoßen kann.*) Es empfiehlt

*) Vom Reichs-Postamt ist inzwischen nachgegeben worden, daß die Sendungen an Firmen usw. — ohne die Bezeichnung „eigenhändig" — unter „einschreiben" und „Rückschein" abgesandt werden, sofern die Firma usw. ausdrücklich beantragt, daß ihr die Sendungen mit For-

sich daher, daß in solchen Fällen zur Vermeidung von Weiterungen mehrere Vertreter eine einzelne Person zur Empfangnahme dieser Sendungen des Postscheckamts bevollmächtigen und die Vollmacht an die zuständige Postanstalt zur Weitergabe an das Postscheckamt einreichen.

B. Es ist nun zu erörtern, in welcher Weise die Kontoinhaber sowie diejenigen Personen, welche Zahlung an sie zu leisten oder von ihnen zu empfangen haben, den Postscheckverkehr benutzen können.

a) Was zunächst die Bareinzahlungen betrifft, so dienen hierzu die Zahlkarten (Anl. 3). Die Formulare werden einzeln am Schalter der Postanstalten und der Scheckämter unentgeltlich an das Publikum abgegeben. Die Kontoinhaber können die Formulare auch zum Preise von 25 ₰ für je 50 Stück bei ihrem Postscheckamt beziehen. Die Zahlkarte ist im wesentlichen unserer Postanweisung nachgebildet, jedoch mit dem Unterschied, daß mit dem Formular der Zahlkarte gleichzeitig der Posteinlieferungsschein verbunden ist, der auch vom Einzahler auszufüllen ist. Bei der Einlieferung der Zahlkarte am Postschalter hat der Schalterbeamte

mularen zur Abgabe der Unterschriften sowie mit Ueberweisungs- und Scheckformularen nicht unter der Bezeichnung „eigenhändig" zugehen. Ein solcher Antrag muß von den zur Vertretung der Firma usw. berechtigten Personen gestellt werden.

nur den Postvermerk auf dem Einlieferungsschein zu vollziehen. Der Einlieferungsschein wird dann abgetrennt und dem Einzahler ausgehändigt. Ein weiterer und erheblich wesentlicherer Unterschied zwischen der Postanweisung und der Zahlkarte besteht aber, abgesehen von den Gebühren, darin, daß, während der Höchstbetrag einer Postanweisung 800 ℳ ist, auf eine Zahlkarte ein Betrag bis zu 10 000 ℳ eingezahlt werden kann.

Hinsichtlich der Ausfüllung der Zahlkarte möchte ich nicht unterlassen, auf folgendes hinzuweisen. Im österreichischen Postscheckverkehr werden an die Kontoinhaber nur solche Formulare zu Einzahlungen abgegeben, die von vornherein vom Postsparkassenamt in Wien mit der Kontonummer und dem Namen usw. des Kontoinhabers bedruckt worden sind. In die Hände des Publikums gelangen also, abgesehen von einer hier nicht interessierenden Ausnahme, keine Zahlkartenformulare, in welchen der Einzahler selbst die Adresse einzutragen hätte. Dieses österreichische Verfahren bietet natürlich die denkbar größte Sicherheit dafür, daß Verwechselungen hinsichtlich des Kontos, dem der eingezahlte Betrag gutgeschrieben werden soll, nicht vorkommen können. Auf der anderen Seite kann aber bei diesem Systeme nur derjenige eine Einzahlung auf ein Postscheckkonto mittels Zahlkarte machen, dem der Kontoinhaber selbst Formulare zur Einzahlung auf sein Konto zur Verfügung gestellt hat. Wenn die Postscheckordnung dem österreichischen Verfahren nicht gefolgt ist, so ist dies in der Absicht geschehen, die Bareinzahlungen im Postscheckverkehr für das Publikum möglichst zu erleichtern. Es soll jeder, der eine Zahlung an den Inhaber eines Postscheckkontos zu leisten hat, auch dann in der Lage sein, sich zu diesem Zwecke der Zahlkarte zu bedienen, wenn er vom Kontoinhaber kein Formular zur Zahlkarte erhalten hat. Er kann sich an jedem Postschalter ein Formular unentgeltlich geben lassen. Der Einzahler muß dann die Nummer usw. des Kontos, zu dessen Gunsten die Zahlung geleistet werden soll, selbst eintragen. Jeder Kontoinhaber hat also ein Interesse daran, daß die Nummer seines Postscheckkontos möglichst weiten Kreisen bekannt wird. Es empfiehlt sich daher, auf den Geschäftsbriefen, Rechnungen, Preisverzeichnissen usw. die Kontonummer vordrucken zu lassen. Auch wird es zweckmäßig sein, in den Adreßbüchern, Mitgliederverzeichnissen usw. diese Nummer angeben zu lassen. Den Kontoinhabern, insbesondere denjenigen mit größerem Geschäftsverkehr, kann aber nur dringend empfohlen werden, in möglichst weitem Umfange die Zahlkartenformulare von vornherein mit der Nummer und Bezeichnung ihres Kontos bedrucken zu lassen, und derartig vorbereitete Formulare an ihre Kunden zugleich mit der Rechnung über gelieferte Waren oder als Anlage zu Preisverzeichnissen usw. zu übersenden.

Die in dieser Weise vorbereiteten Formulare erleichtern die Einzahlungen sehr und werden deshalb, abgesehen davon, daß kein Irrtum über das Konto des Zahlungsempfängers aufkommen kann, dazu beitragen, die Pünktlichkeit in der Abtragung der Schuld zu fördern.

Überdies bietet der Vordruck des Kontos noch weitere Vorteile hinsichtlich der Verwendbarkeit des an der Zahlkarte befindlichen Einlieferungsscheins. Nach den Ausführungsbestimmungen zur Postscheckordnung darf der Kontoinhaber die Rückseite des Einlieferungsscheins im voraus handschriftlich oder durch Druck mit Vermerken versehen. Der Kontoinhaber kann z. B. auf der Rückseite des Einlieferungsscheins die Rechnung für seine Geschäftskunden ausschreiben und die so vorbereitete Zahlkarte seinen Kunden übersenden. Wird eine solche Zahlkarte am Postschalter eingeliefert, und hat der Postbeamte den Einlieferungsschein vollzogen, so hat der Einzahler ohne weiteres den vollgültigen Beweis dafür in Händen, daß er die auf der Rückseite des Scheins niedergeschriebene Rechnung bezahlt hat, er bedarf also keiner besonderen Empfangsbestätigung seitens des Zahlungsempfängers.

Vereine, die Mitgliederkarten ausgeben, können hierzu die Rückseite des an der Zahlkarte befindlichen Einlieferungsscheins benutzen, wenn die Vorderseite der Zahlkarte mit der Nummer usw. des Postscheckkontos des Vereins bedruckt ist.

Es wird nun Sache eines jeden Kontoinhabers sein, zu erwägen, in welcher Weise in seinem Geschäfte die Rückseite des Einlieferungsscheins der Zahlkarte am besten ausgenutzt werden kann.

Das Bedrucken der Zahlkarten mit der Nummer und der Bezeichnung des Postscheckkontos kann der Kontoinhaber von seinen Angestellten oder in einer Privatdruckerei ausführen lassen. Auch die Postscheckämter führen diesen Vordruck auf Wunsch aus. Die Kosten hierfür betragen, sofern der Vordruck bei dem Postscheckamt ausgeführt wird,

für 50 Zahlkarten	. . . . .	35 ₰	
„ 100 „	. . . . .	50 „	
„ 200 „	. . . . .	65 „	
„ 300 „	. . . . .	80 „	usw.

für je weitere 100 Zahlkarten 15 ₰ mehr.

Hinsichtlich der Benutzung der Zahlkarte möchte ich noch zwei Punkte hervorheben:

1. Im Gegensatz zur Postanweisung wird die Zahlkarte vom Einzahler nicht frankiert. Die Gebühr für die Zahlkarte (d. s. 5 ₰ für je 500 ℳ) wird vielmehr von der Postverwaltung in der Weise eingezogen, daß das Konto, welchem der eingezahlte Betrag gutgeschrieben wird, mit der Gebühr belastet wird. Dieser Art der Gebührenerhebung muß natürlich der Einzahler, falls er den Betrag spesenfrei zu zahlen hat, Rechnung

tragen; hat er z. B. 200 ℳ zu zahlen, so muß er die Zahlkarte über 200 ℳ 5 ₰ ausstellen.

2. Die am Postschalter eingezahlte Zahlkarte wird vom Postamte direkt an dasjenige Postscheckamt gesandt, bei welchem das Konto des Zahlungsempfängers geführt wird. Wird z. B. beim Postamt in Demmin eine Zahlkarte eingezahlt, die beim Postscheckamt in München einem Konto gutgeschrieben werden soll, so sendet das Postamt in Demmin die Zahlkarte unmittelbar an das Postscheckamt in München. Das Amt in München bucht den Betrag auf dem Konto des Zahlungsempfängers, benachrichtigt diesen von der erfolgten Gutschrift und übersendet ihm gleichzeitig den von der Zahlkarte abgetrennten Abschnitt. Der Einzahler kann also diesen Abschnitt und zwar auch die Rückseite zu Mitteilungen an den Kontoinhaber benutzen. Die Beförderung dieses Abschnittes erfolgt in allen Fällen portofrei.

Abgesehen von den Zahlkarten werden auf Verlangen des Kontoinhabers auch die Postanweisungen, die an ihn adressiert sind, seinem Postscheckkonto gutgeschrieben. Wünscht der Kontoinhaber von diesem Verfahren Gebrauch zu machen, so muß er dies bei der Postanstalt, von der er seine Postsachen erhält, schriftlich oder mündlich beantragen. Die

Postanstalt fertigt dann täglich eine Zahlkarte auf das Postscheckkonto des Adressaten der Postanweisungen aus und zwar über den Tagesbetrag dieser Postanweisungen. Die Zahlkarte wird dem Postscheckamt wie jede andere Zahlkarte übersandt. Die Abschnitte der Postanweisungen werden bei der Postanstalt abgetrennt und in einem Briefumschlag an den Adressaten gesandt. Für die Bestellung von Briefen (Anl. 4) mit diesen Postanweisungsabschnitten wird Bestellgeld nicht erhoben. An dem bisherigen Verfahren, auszuzahlende Postanweisungsbeträge auf Antrag auf das Girokonto des Adressaten bei der Reichsbank zu überweisen, wird hierdurch nichts geändert.

b) Ebenso wie für die regelmäßige Form der Einzahlungen mußten auch für die Rückzahlungen neue Formulare geschaffen werden. Damit der Kontoinhaber in den Stand gesetzt werde, über sein Guthaben zu verfügen, erhält er vom Postscheckamt drei Arten von Formularen, nämlich Scheckformulare (Anl. 5), Giropostkarten (Anl. 6) und Überweisungen in Blattform (Anl. 7) (rotes Formular) zur Versendung im Briefumschlag. Diese Formulare werden wie im Bankverkehr in Heften zu 50 Blättern — die Giropostkarten in Heften zu 25 Blättern — geliefert. Sämtliche Scheck- und Überweisungsformulare werden vom Postscheckamte vor der Ausgabe mit dem Namen usw. des Kontoinhabers und der Nummer seines Kontos bedruckt.

Sie können also nur vom Kontoinhaber selbst oder von einer durch diesen bevollmächtigten Person benutzt werden.

Damit die Hefte mit den Scheck- und Überweisungsformularen nicht in falsche Hände gelangen, werden die Postscheckämter sie dem Kontoinhaber stets als Einschreibsendung mit der Bezeichnung „eigenhändig"*) und gegen Rückschein übersenden. Für die Übersendung wird dem Kontoinhaber keine Gebühr berechnet, sie erfolgt portofrei. Wie der Kontoinhaber die Scheck- und Überweisungsformulare zu benutzen hat, darüber findet er in den Scheck- usw. Heften eine kurze Belehrung (Anl. 8). Ich kann mich auf folgende Bemerkungen hierzu beschränken:

Will der Kontoinhaber aus dem auf seinem Postscheckkonto gebuchten Guthaben eine Zahlung leisten, so kommt zunächst in Frage, ob der Zahlungsempfänger auch ein Postscheckkonto hat und ob der zu zahlende Betrag diesem Konto gutgeschrieben werden soll. Trifft dies zu, so füllt der Kontoinhaber, der die Zahlung leisten will, entweder eine Giropostkarte oder das rote Formular aus. Die Giropostkarte bietet den Vorteil, daß das Porto auch im Fernverkehr nur 5 ₰ beträgt, daß die Adresse vorgedruckt ist, daß zur Uebersendung nicht noch ein Briefumschlag erforderlich ist. Auf der anderen Seite ist zu berücksichtigen, daß der Höchstbetrag, über den eine Giropostkarte ausgestellt

*) S. Anm. auf Seite 16.

werden kann, auf 1000 ℳ festgesetzt ist. Hat der Kontoinhaber gleichzeitig mehrere Überweisungen an das Postscheckamt im Auftrag zu geben oder muß er aus einem anderen Anlaß eine Briefsendung an das Postscheckamt richten, hat er z. B. einen Scheck einzusenden, so wird er für die Überweisung nicht die Giropostkarte, sondern das rote Formular nehmen. Das letztere Formular muß er in allen Fällen dann benutzen, wenn die Überweisung mehr als 1000 ℳ beträgt. Die Verwendung des roten Formulars unterliegt hinsichtlich des Betrags keiner Beschränkung.

Von den Kontoinhabern, deren Zahlungsverkehr einen größeren Umfang hat, wird es gewiß begrüßt werden, daß mit dem roten Formulare auch Gutschriften für mehrere Empfänger in eine Überweisung zusammengefaßt werden können. Eine Überweisung kann z. B. in folgender Form ausgestellt werden: „Das Kaiserl. Postscheckamt in Berlin wolle aus meinem Guthaben den Betrag von 3500 ℳ auf die in der Anlage bezeichneten Konten überweisen.“ In der Anlage (Anl. 9) sind die einzelnen Empfänger nach Namen usw., Kontonummer und Betrag aufzuführen. Es macht keinen Unterschied, bei welchem Postscheckamte die Zahlungsempfänger ihr Konto haben. Die Arbeiten beim Postscheckamte werden aber wesentlich erleichtert und beschleunigt, wenn bei der Ausstellung von Sammelüberweisungen von vornherein getrennt werden solche Überweisungen, deren Gutschrift bei demselben Postscheckamte, bei dem der Aussteller sein Konto hat, erfolgen soll, und solche Überweisungen, die bei anderen Postscheckämtern gutgeschrieben werden müssen. Hat z. B. ein Berliner Kontoinhaber gleichzeitig an 20 Personen Zahlung zu leisten, die sämtlich auch Postscheckkonten und zwar 15 beim Postscheckamt in Berlin, 3 in Leipzig und 2 in München haben, so muß es sich sehr empfehlen, wenigstens 2 Sammelüberweisungen auszustellen, nämlich eine Überweisung für die 15 Empfänger, deren Konten in Berlin geführt werden, und eine besondere Sammelüberweisung für die 5 übrigen Empfänger.

Der an dem Überweisungsformular befindliche Abschnitt kann vom Aussteller in der gleichen Weise zu Mitteilungen an den Empfänger benutzt werden, wie der Abschnitt der Zahlkarte. Der Abschnitt wird dem Empfänger vom Postscheckamt übersandt, nachdem die Gutschrift gebucht ist.

Die Gebühr für jede Überweisung von einem Konto auf ein anderes Postscheckkonto ist, ohne Rücksicht auf den Betrag der Überweisung auf 3 ₰ festgesetzt. Diese Gebühr wird dem Konto des Ausstellers der Überweisung zur Last geschrieben. Der Empfänger wird also nicht belastet. Die Giropostkarten und die roten Formulare erhält der Kontoinhaber unentgeltlich.

Wie bereits erwähnt, können die beiden Formulare für den Giroverkehr nur verwendet werden, wenn dem Aussteller die Kontonummer des Empfängers bekannt ist. Weiß der Kontoinhaber nicht, ob der Zahlungsempfänger ein Postscheckkonto hat, oder wünscht der Kontoinhaber auf alle Fälle dem Zahlungsempfänger eine Barzahlung zu leisten, so muß er das Scheckformular benutzen. Die Scheckformulare werden nicht, wie die Überweisungsformulare, unentgeltlich geliefert; der Preis beträgt 50 ₰ für 50 Blätter.

Der Höchstbetrag, über den ein Postscheck ausgestellt werden kann, ist 10 000 ℳ.

Der Postscheck unterscheidet sich von dem im Bankverkehr üblichen Scheck insbesondere in folgenden Punkten:

Der Postscheck enthält a) nicht die Überbringerklausel und darf b) nicht indossiert werden.

Zu a) Während der Bankscheck in der Regel lautet:

> „Die . . . Bank in N. zahle gegen diesen Scheck aus meinem Guthaben den Betrag von . . . ℳ an Herrn X oder Überbringer",

fehlen in dem Postscheck die Worte „oder Überbringer".

Der Postscheck darf also, wenn ein Zahlungsempfänger angegeben ist, stets nur an diese Person ausgezahlt werden. Die Post muß deshalb prüfen, ob diejenige Person, an welche sie den Betrag eines solchen Schecks auszahlt, mit dem im Scheck bezeichneten Zahlungsempfänger identisch ist, während im Bankverkehr der Scheck mit der Überbringerklausel jeden Inhaber als Zahlungsempfänger legitimiert. Für den Postscheckverkehr galt es in erster Linie den Aussteller und Zahlungsempfänger dagegen zu schützen, daß ein Unberechtigter den Scheck zur Einlösung vorlegen könnte. Zwar übernimmt damit die Post die Pflicht, in jedem Falle die Identität des Zahlungsempfängers festzustellen. Diese Feststellung, die für den Bankverkehr u. U. mit sehr großen Schwierigkeiten und Weiterungen verbunden wäre, hat die Post wie im übrigen Postverkehr bei der Aushändigung von Wertsendungen zu treffen.

Zu b) Die Sicherheit, daß der Postscheck an keine unberechtigte Person ausgezahlt werde, konnte aber nur erreicht werden, wenn neben dem Wegfall der Überbringerklausel auch die Indossierbarkeit des Schecks ausgeschlossen wurde. Zwar kann nach § 8 des Scheckgesetzes der auf einen bestimmten Zahlungsempfänger gestellte Scheck durch Indossament übertragen werden, wenn nicht die Übertragung durch die Worte „nicht an Order" oder einen gleichbedeutenden Zusatz untersagt ist. Gleichwohl hinderte der Wortlaut des § 8 d. a. G. nicht, für den Postscheckverkehr die Indossierbarkeit des Schecks auszuschließen, wenngleich der Postscheck die Worte „nicht an Order" nicht enthält, weil nach dem Scheckgesetze für die Frage, ob der Bezogene einen Scheck einlösen wird, vor allem die Bedingungen maßgebend sein müssen, unter denen sich der Bezogene dem Kontoinhaber gegenüber auf den Scheckverkehr eingelassen hat. Da nach § 8 der Postscheckordnung Postschecks, die mit einem Indossamente versehen sind, nicht eingelöst werden, kann ein unehrlicher Finder mit einem Postscheck, in dem der Zahlungsempfänger angegeben ist, nichts anfangen. Den eingetragenen Namen kann er weder durch Radieren noch auf chemischem Wege so entfernen, daß die Täuschung nicht beim Postscheckamte entdeckt werden müßte. Mit Rücksicht hierauf ist die Versendbarkeit des Postschecks gegenüber dem ungekreuzten Bankscheck erheblich erleichtert. Die Postschecks können ebenso wie die roten Überweisungen als einfache Briefe versandt werden; es ist nicht erforderlich, sie als Wertbriefe oder eingeschriebene Briefe bei der Post einzuliefern.

Die Schecks sind ebenso wie die Überweisungen stets bei dem Postscheckamt einzureichen, bei dem das Konto des Ausstellers geführt wird. Der Brief ist, wie alle Briefe der Kontoinhaber an die Postscheckämter, zu frankieren.

Das Postscheckamt schreibt den Betrag des Schecks vom Guthaben des Ausstellers ab und beauftragt die für den Zahlungsempfänger zuständige Postanstalt mit der Auszahlung. Wohnt der Zahlungsempfänger im Deutschen Reiche, so gestaltet sich für ihn das Verfahren ähnlich wie im Postanweisungsverkehr. Das Formular, mit dem das

Postscheckamt den Auftrag an die Postanstalt gelangen läßt (das heißt die Zahlungsanweisung Anl. 10) ist der Postanweisung nachgebildet. Die Zahlungsanweisung hat ebenso wie die Postanweisung einen Abschnitt, der für den Zahlungsempfänger bestimmt ist. Auf diesem Abschnitte hat das Postscheckamt vermerkt, in wessen Auftrage die Übersendung des Geldes erfolgt. Für die Behandlung des Schecks beim Postscheckamt ist es völlig gleichgültig, durch welche Postanstalt innerhalb Deutschlands der Betrag ausgezahlt werden soll. Es macht keinen Unterschied, ob der Zahlungsempfänger im Bezirke des Scheckamts, bei dem das Konto des Scheckausstellers geführt wird, oder im Bezirke eines anderen Scheckamts wohnt, ob die Zahlung durch Vermittelung einer Postanstalt des Reichs-Postgebiets oder einer bayerischen oder württembergischen Postanstalt erfolgt. Das Postscheckamt übersendet in jedem Falle die Zahlungsanweisung unmittelbar an die Postanstalt, in deren Bezirke der Zahlungsempfä ger nach der im Scheck angegebenen Adresse wohnt. Natürlich kann der Aussteller des Schecks auch sich selbst als Zahlungsempfänger bezeichnen. Auch auf die Berechnung der Gebühren für die Barrückzahlung macht es keinen Unterschied, zu welcher der drei deutschen Postverwaltungen die zahlende Postanstalt gehört. Es wird für jede Barrückzahlung innerhalb Deutschlands eine feste Gebühr von 5 ₰ und eine Steigerungsgebühr von $1/_{10}$ vom Tausend erhoben. Diese Gebühren werden stets dem Konto des Ausstellers des Schecks zur Last geschrieben. Beträge bis zu 800 ℳ können auch mittels telegraphischer Zahlungsanweisung übermittelt werden.

Wohnt der Zahlungsempfänger im Auslande, so wird ihm der Betrag des Schecks mittels Wertbriefs oder Postanweisung übersandt.

Hat der im Scheck bezeichnete Zahlungsempfänger selbst ein Konto bei einem der in Deutschland gelegenen Postscheckämter, so wird der Betrag diesem Konto gutgeschrieben, es sei denn, daß auf dem Scheck vermerkt worden ist, daß Barzahlung gewünscht wird.

Will der Aussteller des Schecks den Betrag bei der Kasse des Postscheckamts in Empfang nehmen, oder will er einen Dritten in den Stand setzen, den Scheck bei dieser Kasse einzulösen, so darf in dem Scheck der Zahlungsempfänger nicht angegeben sein. Die Zahlstelle des Postscheckamts wird werktäglich von 9 Uhr vormittags bis 5 Uhr nachmittags geöffnet sein. Wird ein auf den Inhaber gestellter Postscheck (Kassenscheck) bei der Kasse des Scheckamts eingereicht, so erhält der Einlieferer vom Beamten der Kasse eine Kontrollnummer, gegen deren Rückgabe der Betrag des Schecks, sobald er vom Konto abgeschrieben worden ist, was in der Regel nur wenige Minuten in Anspruch nimmt, unverzüglich ausgezahlt wird.

Da der Fall vorkommen könnte, daß der Einlieferer eines Schecks die Kontrollnummer verliert, sind die Beamten der Zahlstelle angewiesen, vor der Auszahlung sich von der Person, welche die Kontrollnummer zurückgibt, den Betrag des Schecks angeben zu lassen.

Der Inhaber eines Kassenschecks soll aber nicht gezwungen sein, unter allen Umständen den Scheck bei der Kasse des Postscheckamts einzulösen. Er ist vielmehr befugt, in der linken unteren Ecke des Schecks seine Adresse anzugeben und den Scheck an das Postscheckamt einzusenden.

Der Scheck wird dann ebenso behandelt, wie wenn der Aussteller des Schecks selbst den Zahlungsempfänger bezeichnet hätte, nur darf in solchen Fällen der Aussteller nicht mit Gebühren belastet werden, mit denen er nicht rechnen konnte. Soll also der Betrag des Kassenschecks mittels telegraphischer Zahlungsanweisung übermittelt oder im Auslande ausgezahlt werden, so wird die Telegrammgebühr oder das Franko nicht dem Aussteller zur Last geschrieben, sondern vom Betrag des Schecks abgezogen. Der Zahlungsempfänger erhält also in solchen Fällen nicht den vollen Betrag des Schecks.

C. Was die Gebühren betrifft, so sind die Gebühren für Bareinzahlungen, Barrückzahlungen und Überweisungen bereits erwähnt.

Es ist Ihnen bekannt, daß bei Bemessung der Gebühren der Grundsatz maßgebend gewesen ist, daß der Postscheckverkehr keineswegs dazu dienen soll, den Postverwaltungen einen Gewinn zuzuführen, daß vielmehr die Einnahmen an Gebühren und an Zinsen, die aus der zinsbaren Anlegung der in dem Verfahren sich ansammelnden Kapitalien erzielt werden, nur ausreichen sollen, um die Postverwaltungen schadlos zu halten. Aus dieser Erwägung heraus wäre es nicht angängig gewesen, die Gebühren ganz fallen zu lassen. Die Gebührenfreiheit dem Barverkehr einzuräumen, müßte auch noch aus anderen Gründen als ausgeschlossen gelten. Die Gebühren im Postscheckverkehr sind aber doch im Vergleiche zu den jetzigen Gebühren für Postanweisungen und Wertbriefe so außerordentlich niedrig, daß der Gewinn, der namentlich dem Handel und Industrie durch diese Verbilligung des Zahlungsverkehrs zugute kommen wird, nicht zu unterschätzen sein dürfte. Ich kann mich darauf beschränken, einige Vergleiche hervorzuheben

Leisten z. B. 4 verschiedene Personen auf ein und dasselbe Postscheckkonto je eine Einzahlung von 25 ℳ und wird der Gesamtbetrag von 100 ℳ mittels eines Schecks bar abgehoben, so werden folgende Gebühren erhoben:

a) für 4 Bareinzahlungen 4 × 5 ₰ . = 20 ₰
b) für die Rückzahlung 5 ₰ + 1/10 ‰
von 100 ℳ . . . . = 6 ₰
c) für 1 Scheckformular . . . . . = 1 ₰
= 27 ₰,

dazu kommt u. U. noch das Porto für Übersendung des Schecks an das Postscheckamt. Bei Übersendung mittels Postanweisung sind dagegen 4 × 20 ₰ = 80 ₰ aufzuwenden.

Werden vier Einzahlungen zu je 200 ℳ auf dasselbe Konto gemacht und wird der Gesamtbetrag von 800 ℳ mittels eines Schecks bar abgehoben, so werden an Gebühren erhoben:

a) für 4 Bareinzahlungen 4 × 5 ₰ .	= 20 ₰
b) für die Rückzahlung 5 ₰ + 1/10 ‰ von 800 ℳ	= 13 ₰
c) für 1 Scheckformular . . .	= 1 ₰
	= 34 ₰,

dazu u. U. das Porto für Einsendung des Schecks. Die Kosten für die Übersendung mittels Postanweisung betragen 4 × 30 ₰ = 120 ₰.

Der Unterschied zwischen den Gebühren wird aber noch erheblich größer, wenn an Stelle der Bareinzahlungen und Barrückzahlungen der Postgiroverkehr tritt, in welchem eine Überweisung über einen beliebig hohen Betrag für 3 ₰ ausgeführt wird.

Der Unterschied zwischen den Gebühren bleibt auch noch dann erheblich, wenn die in der Postscheckordnung für Konten mit einem größeren Geschäftsverkehr zu berechnende Zuschlaggebühr in Ansatz kommt. Die Postscheckordnung bestimmt, daß, wenn der Kontoverkehr eines Kontoinhabers jährlich mehr als 600 Buchungen erheischt, für jede weitere Buchung eine besondere Gebühr von 7 ₰

erhoben werden soll. Diese Gebühr von 7 ₰ ist von vielen Seiten angegriffen und geradezu als unlogisch bezeichnet worden. Unlogisch sei sie deshalb, weil für die Post gerade die Konten mit zahlreichen Buchungen den größten Vorteil bringen würden, so daß es unverständlich sei, diese beste Kundschaft durch Belastung mit erhöhten Gebühren zu strafen. Ob dieser Vorwurf gerechtfertigt ist, wird voraussichtlich schon die nahe Zukunft am besten entscheiden. Bei der Regelung der Gebühren konnte jedenfalls nicht davon ausgegangen werden, daß die Konten mit sehr zahlreichen Buchungen für die Post stets die vorteilhaftesten sein würden. Der Postscheckverkehr will sich zwar ohne jeden weiteren Nebenzweck, insbesondere ohne die Absicht Überschüsse zu erzielen, in den Dienst der deutschen Volkswirtschaft stellen. Dieses Ziel kann nur erreicht werden einerseits, wenn möglichst weite Kreise von Interessenten sich ein Postscheckkonto eröffnen lassen, und wenn andrerseits jeder Kontoinhaber sein Konto auch in möglichst weitem Umfange benutzt. Gegen eine möglichst weitgehende Ausnutzung des Kontos ist also gewiß nichts einzuwenden. Diese Erwägung kann aber keineswegs die Erörterung der Frage beeinflussen, in welchem Verhältnisse bei jedem Konto die Einnahmen der Post zu deren Ausgaben für Ausführung der Aufträge stehen werden. Wie ich bereits oben angedeutet habe, decken die Gebühren für die Einzahlungen und Rückzahlungen sowie die Übertragung allein keineswegs die Ausgaben der Post; vielmehr ist von vornherein damit gerechnet worden, daß die Post aus der zinsbaren Anlegung der sich ansammelnden Gelder voraussichtlich einen nicht unwesentlichen Teil der Ausgaben werde decken müssen. Zieht man die einzelnen Konten in Betracht, so werden die Ausgaben der Post für das einzelne Konto mit deren Einnahmen an Gebühren und Zinsen aus diesem Konto nur dann balanzieren, wenn die Zahl der Buchungen in einem gewissen Verhältnisse zur Höhe des durchschnittlichen Guthabens, das auf diesem Konto gehalten wird, bleibt. Überschreitet die Zahl der Buchungen dieses Verhältnis, so setzt die Post bei diesem Konto zu und das Ergebnis wird für die Post natürlich immer ungünstiger, je mehr das durchschnittliche Guthaben auf dem Konto gegenüber der wachsenden Zahl der Buchungen auf diesem Konto zurückbleibt.

Wenngleich nun ohne weiteres zugegeben werden muß, daß manche Konten mit zahlreichen Umsätzen gezwungen sein werden, ein entsprechend größeres Durchschnittsguthaben zu halten, um nicht die nötige Bewegungsfreiheit zu verlieren, so kann doch nicht in Zweifel gezogen werden, daß der größte Teil der Kontoinhaber mit zahlreichen Buchungen, namentlich diejenigen, bei denen die Zahl der Einzahlungen erheblich überwiegt, in der Lage sein wird, ein verhältnismäßig recht niedriges Durchschnittsguthaben zu halten. Wenn sie von dieser Möglichkeit Gebrauch machen, so kann ihnen das gewiß nicht verargt werden, da die Post die Guthaben nicht verzinst; aber ebensowenig darf es der Post verdacht werden, wenn sie für solche Konten, um nicht bei ihnen sehr erheblich zuzusetzen, eine besondere Gebühr in Ansatz bringt.

Es darf wohl erhofft werden, daß, da gerade die Konten mit einem großen Buchungsverkehr in besonderem Maße die Vorteile des neuen Verfahrens ausnützen können, sie auch die Zuschußgebühr werden tragen können.

Hinsichtlich der Form der Berechnung der Gebühren bleibt zu bemerken, daß die Gebühren nicht bar erhoben, sondern sämtlich dem Konto zur Last geschrieben werden. Sie werden nicht sofort bei jeder Buchung abgeschrieben, sondern erst, wenn eine Reihe von Buchungen ausgeführt ist. Die Konten bei den Postscheckämtern werden nicht in gebundenen Büchern, sondern auf losen Blättern geführt. Jedes Blatt hat etwa 40 Linien für Eintragungen von Gutschriften und Lastschriften. Die Berechnung der Gebühren wird nun erfolgen, sobald ein Kontoblatt beschrieben worden ist, so daß ein neues Kontoblatt angelegt werden muß. Erst mit diesem Zeitpunkte werden die Gebühren, die für die Buchungen auf dem vorigen Blatte erwachsen sind, berechnet und in einer Summe vom Konto abgeschrieben.

Über die Lastschrift wird der Kontoinhaber vom Postscheckamte durch den Kontoauszug (Anl. 11) und den diesem beigefügten Gebührenzettel (Anl. 12 u. 13) benachrichtigt. Der Kontoinhaber erhält nämlich, was noch nachzutragen bleibt, über jede Buchung, die auf seinem Konto vorgenommen wird, sei es eine Gutschrift, sei es eine Lastschrift, vom Postscheckamt eine Mitteilung in Form eines Kontoauszuges, dem die Abschnitte der Zahlkarten, der Überweisungen oder der besonderen vom Postscheckamt über die einzelnen Buchungen gefertigten Benachrichtigungszettel (Anl. 14 u. 15) beigefügt werden. Die Sendungen der Postscheckämter an die Kontoinhaber genießen Portofreiheit.

Ein Gegenkontobuch, das, wie im Bankverkehr, in Händen des Kontoinhabers bleibt und von diesem zur Eintragung der Veränderungen des Kontostandes vorgelegt werden muß, wird im Postscheckverkehr nicht geführt.

Es bleibt mir nur noch übrig, dem Wunsche Ausdruck zu geben, daß das Verfahren so, wie ich es Ihnen in groben Umrissen geschildert habe, geeignet ist, den Postscheckverkehr in die weitesten Kreise unserer Bevölkerung einzuführen. Daß bei diesem ersten Schritte, mit dem der Postscheck bei uns einzieht, nicht sogleich die Früchte einer gereiften Institution erwartet werden können, darüber dürfen wir uns allerdings nicht im Zweifel befinden. Der Grund ist gelegt; zur Vollendung des Baues bleibt noch vieles zu schaffen übrig. An der Hand der praktischen Erfahrungen wird dauernd zu prüfen sein, an welchen Punkten die bessernde Hand eingreifen muß, um solche Vorschriften, die sich einer kräftigen Entwickelung des Postscheckverkehrs beengend in den Weg stellen könnten, zu beseitigen, und Lücken des Verfahrens auszufüllen. Aber auch dem Publikum wird es am Herzen liegen müssen, nach Kräften dem Postscheckverfahren die Pflege zu teil werden zu lassen, die dieses neue Verfahren zu einer für unsere Volkswirtschaft segensreichen Entwickelung unbedingt benötigt.

Ich schließe mit dem Wunsche, daß die Entwickelung des Postscheckverkehrs den Erwartungen, die in ihn gesetzt werden, zum Nutzen unseres Vaterlandes in vollem Umfange entsprechen möge.

Auf Grund des § 2 des Gesetzes, betreffend die Feststellung eines zweiten Nachtrags zum Reichshaushalts-Etat für das Rechnungsjahr 1908, vom 18. Mai 1908 (Reichs-Gesetzbl. 1908 S. 197) wird für das Reichs-Postgebiet nachstehende

Postscheckordnung

erlassen:

I. Beitritt zum Post-Überweisungs- und Scheckverkehr.

§ 1.

I. Zur Teilnahme am Post-Überweisungs- und Scheckverkehre wird jede Privatperson, Handelsfirma, öffentliche Behörde, juristische Person oder sonstige Vereinigung oder Anstalt auf ihren Antrag zugelassen. Der Antrag kann bei einem Postscheckamt oder einer Postanstalt gestellt werden.

II. Die Eröffnung eines Kontos erfolgt in der Regel bei dem Postscheckamt, in dessen Bezirke der Wohnsitz des Antragstellers liegt, auf Verlangen auch bei einem anderen Postscheckamt oder bei mehreren Postscheckämtern.

III. Auf jedes Konto muß eine Stammeinlage von 100 Mark eingezahlt werden.

IV. Jedes Postscheckamt führt eine Liste der Kontoinhaber. Der Postverwaltung bleibt vorbehalten, die Liste in der ihr geeignet erscheinenden Weise zu veröffentlichen.

V. Die Höhe des Guthabens eines Kontos unterliegt keiner Beschränkung.

II. Einzahlungen.

§ 2.

Allgemeines.

Einzahlungen auf ein Postscheckkonto können bewirkt werden:

A. mittels Zahlkarte bei jeder Postanstalt und jedem Postscheckamte (§ 3),

B. mittels Postanweisung bei jeder Postanstalt (§ 4),

C. mittels Überweisung von einem anderen Postscheckkonto (§ 5).

§ 3.

Einzahlungen mittels Zahlkarte.

I. Mittels Zahlkarte können auf ein Postscheckkonto Geldbeträge sowohl vom Kontoinhaber als auch von jeder anderen Person eingezahlt werden. Der Höchstbetrag einer Zahlkarte wird auf 10000 Mark festgesetzt.

II. Zu Zahlkarten dürfen nur Formulare benutzt werden, die von der Postverwaltung hergestellt sind. Die Formulare werden von den Postscheckämtern zum Preise von 25 Pfennig für je 50 Stück an die Kontoinhaber verabfolgt. Einzelne Formulare werden am Schalter der Postanstalten an das Publikum unentgeltlich abgegeben.

III. Die Ausfüllung der Zahlkarte kann auch durch Druck, mit der Schreibmaschine usw. bewirkt werden; die handschriftliche Ausfüllung darf nur mit Tinte geschehen. Der Geldbetrag ist in der Reichswährung anzugeben. Die Marksumme muß in Zahlen und in Buchstaben ausgedrückt sein. Auch das mit der Zahlkarte verbundene Formular für den Einlieferungsschein ist vom Einzahler dem Vordruck entsprechend auszufüllen.

IV. Der Abschnitt der Zahlkarte kann zu Mitteilungen an den Kontoinhaber benutzt werden.

V. Nach Einzahlung des Betrags wird der Postvermerk auf dem Einlieferungsscheine vollzogen.

VI. Der eingezahlte Betrag wird auf dem in der Zahlkarte angegebenen Postscheckkonto gutgeschrieben. Das Postscheckamt übersendet nach der Gutschrift dem Kontoinhaber den Abschnitt der Zahlkarte.

VII. Kann die Gutschrift bei dem Postscheckamte nicht erfolgen, weil ein Konto unter der in der Zahlkarte angegebenen Bezeichnung nicht geführt wird oder der Kontoinhaber wegen unzureichender Adresse nicht sicher erkennbar ist, so ist eine Unbestellbarkeitsmeldung zu erlassen, damit der Absender die Angaben der Zahlkarte berichtige oder die Rücksendung des eingezahlten Betrags beantrage. Der eingezahlte Betrag ist an den Absender ohne Erlaß einer Unbestellbarkeitsmeldung zurückzuzahlen, wenn für den in der Zahlkarte bezeichneten Empfänger bei dem Postscheckamte zwar ein Konto bestanden hatte, dieses aber erloschen ist.

Für die Beförderung jeder Unbestellbarkeitsmeldung und der zu erteilenden Antwort hat der Absender 20 Pfennig Porto an die Aufgabe-Postanstalt zu entrichten.

VIII. Den Landbriefträgern können auf ihren Bestellgängen Zahlkarten über Beträge bis 800 Mark zur Ablieferung an die Postanstalt übergeben werden. Auf das Verfahren finden die Vorschriften der Postordnung vom 20. März 1900 § 29 IV ff. entsprechende Anwendung. Für jede dem Landbriefträger auf seinem Bestellgang übergebene Zahlkarte ist eine Nebengebühr von 5 Pfennig im voraus zu entrichten.

IX. Der Absender kann eine eingelieferte Zahlkarte unter den in der Postordnung § 33 angeführten Voraussetzungen zurücknehmen, solange die Gutschrift auf dem Konto des Empfängers noch nicht gebucht ist.

§ 4.

Einzahlungen mittels Postanweisung.

I. 1. Jeder Kontoinhaber kann bei der Postanstalt, durch die er seine Postsendungen erhält, den Antrag stellen, daß die für ihn eingehenden Postanweisungen seinem Postscheckkonto gutgeschrieben werden.

II. Ist ein solcher Antrag gestellt, so überweist die Postanstalt den Betrag der für den Kontoinhaber eingegangenen Postanweisungen täglich mittels Zahlkarte an das Postscheckamt zur Gutschrift, während die Abschnitte der Postanweisungen dem Kontoinhaber übersandt werden.

III. 2. Die für einen Kontoinhaber einzuziehenden Postauftrags- und Nachnahmebeträge sind unmittelbar seinem Postscheckkonto zu überweisen, wenn am Fuße des Postauftragsformulars oder unmittelbar unter der Angabe des Nachnahmebetrags vermerkt worden ist: „Betrag an das Postscheckamt in H. . . . . zur Gutschrift auf das Konto Nr. . . . . des N . . . . . . in M . . . . . .“.

IV. Die durch Postauftrag oder Nachnahme eingezogenen Beträge werden an das Postscheckamt mittels Postanweisung nach Abzug der Postanweisungsgebühr gesandt.

Das Postscheckamt übersendet den Abschnitt der Postanweisung nach Gutschrift des Betrags an den Kontoinhaber.

§ 5.

Einzahlungen durch Ueberweisung von einem anderen Postscheckkonto.

Die für Kontoinhaber von anderen Kontoinhabern desselben oder eines anderen Postscheckamts angewiesenen Beträge werden dem Konto des Empfängers gutgeschrieben.

III. Rückzahlungen.

§ 6.

Allgemeines.

I. Der Kontoinhaber kann über sein Guthaben, soweit es die Stammeinlage von 100 Mark übersteigt, in beliebigen Teilbeträgen jederzeit verfügen, und zwar:

A. durch Überweisung auf ein anderes Postscheckkonto,

B. mittels Schecks.

Zu Überweisungen und Schecks dürfen nur Formulare benutzt werden, die vom Postscheckamte bezogen worden sind.

II. Der Kontoinhaber ist verpflichtet, die Überweisungs- und Scheckformulare sorgfältig aufzubewahren; er trägt alle Nachteile, die aus dem Verlust oder sonstigen Abhandenkommen der Formulare entstehen, wenn er nicht das Postscheckamt von dem Abhandenkommen benachrichtigt hat, um die Überweisung oder Zahlung an einen Unberechtigten zu verhindern.

III. Die Unterschriften der Personen, die zur Ausstellung von Überweisungen und Schecks berechtigt sein sollen, müssen dem Postscheckamte vom Kontoinhaber mitgeteilt werden, damit die Echtheit der Unterschriften unter den beim Postscheckamt eingehenden Überweisungen und Schecks geprüft werden kann.

IV. Die dem Postscheckamte mitgeteilten Unterschriften haben so lange Geltung, bis der Kontoinhaber diesem Amte das Erlöschen der Vertretungsbefugnis schriftlich mitgeteilt hat.

V. Die Ausfüllung der Formulare zu Überweisungen und Schecks kann auch durch Druck, mit der Schreibmaschine usw. bewirkt werden. Die handschriftliche Ausfüllung darf nur mit Tinte geschehen. Der Geldbetrag ist in der Reichswährung anzugeben. Die Marksumme muß in Zahlen und in Buchstaben ausgedrückt sein.

§ 7.

Rückzahlungen durch Überweisung auf ein anderes Postscheckkonto.

I. Die Formulare zu Überweisungen von Beträgen auf ein anderes Konto bei demselben oder bei einem anderen Postscheckamte werden in Blattform (zur Versendung in Briefen) oder in Postkartenform (Giropostkarten, zur offenen Versendung) ausgegeben.

Die Formulare werden den Kontoinhabern vom Postscheckamt unentgeltlich geliefert.

II. Bei Benutzung der Blattform können die Überweisungen auf jeden beliebigen Betrag, der innerhalb des verfügbaren Guthabens gelegen ist, ausgestellt werden.

Der Höchstbetrag einer Giropostkarte wird auf 1000 Mark festgesetzt.

Der Aussteller hat die Überweisung an das Postscheckamt zu senden, bei welchem sein Konto geführt wird.

III. Der an den Überweisungsformularen befindliche Abschnitt kann zu schriftlichen Mitteilungen benutzt werden. Er wird vom Postscheckamte dem Gutschriftsempfänger übersandt.

IV. Der Auftrag zur Überweisung von Beträgen auf andere Konten kann vom Kontoinhaber zurückgenommen werden, solange die Gutschrift auf dem Konto des Empfängers noch nicht gebucht ist.

§ 8.

Rückzahlungen mittels Schecks.

I. 1. Die Scheckformulare werden den Kontoinhabern vom Postscheckamt in Heften von 50 Stück zum Preise von 50 Pfennig für das Heft geliefert.

II. Der Höchstbetrag eines Schecks wird auf 10 000 Mark festgesetzt.

Von der am rechten Rande des Schecks befindlichen Zahlenreihe hat der Aussteller vor der Ausgabe des Schecks die Zahlen abzutrennen oder mit Tinte zu durchstreichen, welche den Betrag des Schecks übersteigen. Ist dies versehentlich unterblieben, so hängt es vom Ermessen des Postscheckamts ab, ob der Scheck einzulösen ist.

III. Der Scheck ist binnen zehn Tagen nach der Ausstellung bei dem Postscheckamte zur Einlösung vorzulegen. Wird ein Scheck nach Ablauf dieser Frist vorgelegt, so hängt es vom Ermessen des Postscheckamts ab, ob der Scheck einzulösen ist.

IV. Schecks, die mit einem Indossamente versehen sind, werden nicht eingelöst.

V. 2. Hat der im Scheck bezeichnete Zahlungsempfänger selbst ein Konto bei demselben oder einem anderen Postscheckamte, so wird der Betrag dem Konto des Zahlungsempfängers gutgeschrieben, wenn nicht die Barzahlung ausdrücklich verlangt wird.

VI. Hat der im Scheck bezeichnete Zahlungsempfänger kein Postscheckkonto oder verlangt er ausdrücklich die Barzahlung, so wird die Postanstalt vom Postscheckamte mittels Zahlungsanweisung beauftragt, den Betrag an den Empfänger zu zahlen.

VII. Die Zahlungsanweisungen nebst den Geldbeträgen werden dem Empfänger, sofern keine Abholung im Sinne des § 42 der Postordnung stattfindet, ins Haus bestellt:

a) im Ortsbestellbezirke bis einschließlich 3000 Mk.,

b) „ Landbestellbezirke „ „ 800 „ .

Lautet die Zahlungsanweisung auf einen höheren Betrag, so wird nur die Zahlungsanweisung bestellt, während der Geldbetrag bei der Postanstalt auf Grund der Zahlungsanweisung abzuholen ist. Die Bestellgebühr für Zahlungsanweisungen nebst den Geldbeträgen beträgt

bis zum Betrage von 1 500 Mark 5 Pfennig,
im Betrage von mehr als 1 500
Mark bis 3 000 Mark . . . . 10 „

für jede Zahlungsanweisung.

VIII. Die in der Postordnung § 39 und §§ 41 bis 45 hinsichtlich der Postanweisungen erlassenen Vorschriften über

die Bestellung,
die Aushändigung von postlagernden Postanweisungen,
die Abholung,
die Aushändigung der Geldbeträge nach Behändigung der Postanweisungen,
die Nachsendung der Postanweisungen sowie die Behandlung unbestellbarer Postanweisungen am Bestimmungsorte

finden auf die Zahlungsanweisungen entsprechende Anwendung.

IX. Sofern der Betrag eines Schecks 800 Mark nicht übersteigt, kann das Geld an den Zahlungsempfänger mittels telegraphischer Zahlungsanweisung übermittelt werden. Der Antrag ist auf der Vorderseite des Schecks unterhalb der Angabe des Ortes und der Zeit der Ausstellung zu vermerken und vom Antragsteller zu unterschreiben. Auf die telegraphischen Zahlungsanweisungen finden die Vorschriften der Postordnung § 21 entsprechende Anwendung. Ist der Antrag auf telegraphische Übermittelung vom Scheckaussteller gestellt, so wird der Betrag des Schecks dem Zahlungsempfänger unverkürzt überwiesen. Vom Konto des Scheckausstellers wird dieser Betrag unter Hinzurechnung der Telegrammgebühr und zutreffendenfalls des Eilbestellgeldes für die Bestellung an den Empfänger abgeschrieben. Ist dagegen der Antrag auf telegraphische Übermittelung vom Zahlungsempfänger gestellt, so wird die Telegrammgebühr vom Betrage des Schecks in Abzug gebracht.

X. Wohnt der im Scheck bezeichnete Zahlungsempfänger im Auslande, so wird ihm, wenn er kein Postscheckkonto bei einem deutschen Postscheckamte hat, der Betrag mittels Postanweisung oder Wertbriefs übersandt. Vom Konto des Scheckausstellers wird der Betrag des Schecks unter Hinzurechnung des Frankos für die Postanweisung oder den Wertbrief abgeschrieben.

XI. 3. Ist im Scheck kein Zahlungsempfänger angegeben, so kann der Scheck vom Inhaber bei der Kasse des Postscheckamts, welches das Konto des Scheckausstellers führt, zur Einlösung vorgelegt werden. Hat der Inhaber eines solchen Schecks selbst ein Postscheckkonto, so kann er verlangen, daß der Betrag seinem Konto gutgeschrieben werde.

XII. Der Inhaber eines Schecks, in dem kein Zahlungsempfänger angegeben ist, kann verlangen, daß ihm der Betrag des Schecks durch Vermittelung einer Postanstalt bar gezahlt werde. Die Übermittelung des Geldes erfolgt:

a) mittels Zahlungsanweisung, wenn der Empfänger im Inlande wohnt,
b) mittels Postanweisung oder Wertbriefs, wenn er im Auslande wohnt.

Im Falle zu b wird von dem Betrage des Schecks das Franko für die Postanweisung oder den Wertbrief abgezogen. Auf die Überweisung des Geldes mittels telegraphischer Zahlungsanweisung finden die Vorschriften unter IX entsprechende Anwendung.

IV. Gebühren.

§ 9.

I. Es werden folgende Gebühren erhoben:

1. bei Bareinzahlungen mittels Zahlkarte für je 500 Mark oder einen Teil dieser Summe . . . . . . 5 Pfennig;

2. für jede Barrückzahlung durch die Kasse des Postscheckamts oder durch Vermittelung einer Postanstalt:
   a) eine feste Gebühr von . . . 5 Pfennig,
   b) außerdem $^1/_{10}$ vom Tausend des auszuzahlenden Betrags (Steigerungsgebühr);
3. für jede Übertragung von einem Konto auf ein anderes Postscheckkonto . . . . 3 Pfennig.

   Zur Zahlung der Gebühr unter 1 ist der Zahlungsempfänger, zur Zahlung der Gebühren unter 2 und 3 der Kontoinhaber verpflichtet, von dessen Konto die Abschreibung erfolgt.
4. Erheischt der Kontoverkehr eines Kontoinhabers jährlich mehr als 600 Buchungen, so wird außer den unter 1 bis 3 aufgeführten Gebühren für jede weitere Buchung eine Zuschlaggebühr von . . . . 7 Pfennig erhoben.

II. Die Gebühren sowie die für Zahlkartenformulare und Scheckhefte zu zahlenden Preise werden durch Abschreibung von dem zur Zahlung verpflichteten Konto eingezogen.

III. Der Preis für unbrauchbar gewordene Zahlkarten- und Scheckformulare wird nicht erstattet.

V. Portofreiheit.

§ 10.

Die Sendungen der Postscheckämter und der Postanstalten an die Kontoinhaber sowie die Sendungen zwischen den Postscheckämtern und zwischen diesen und den Postanstalten werden im Postscheckverkehr als Dienstsache portofrei befördert.

VI. Änderungen in den Verhältnissen eines Kontoinhabers.

§ 11.

Änderungen in den rechtlichen Verhältnissen eines Kontoinhabers, die für sein Konto von Bedeutung sind, müssen dem zuständigen Postscheckamte mitgeteilt und durch Vorlegung öffentlicher Urkunden nachgewiesen werden. Unterbleibt diese Mitteilung, so hat die Postverwaltung den etwa aus der Unkenntnis der eingetretenen Änderungen entstehenden Schaden nicht zu vertreten.

VII. Austritt aus dem Scheckverkehre.

§ 12.

I. Der Inhaber eines Kontos kann jederzeit aus dem Scheckverkehr ausscheiden.

II. Im Falle einer mißbräuchlichen Benutzung des Kontos seitens des Kontoinhabers ist auch das Postscheckamt befugt, das Konto aufzuheben.

VIII. Gewährleistung.

§ 13.

I. Die Postverwaltung leistet für rechtzeitige Buchung der Einzahlungen auf den Konten und für rechtzeitige Ausführung der dem Postscheckamte mittels Überweisungen und Schecks erteilten Aufträge keine Gewähr.

II. Für die auf Zahlkarten eingezahlten Beträge haftet die Postverwaltung in der gleichen Weise wie für Postanweisungen.

IX. Änderung der Postscheckordnung.

§ 14.

Werden die Vorschriften der Postscheckordnung geändert, so finden die neuen Vorschriften auch auf die bei ihrem Inkrafttreten bestehenden Postscheckkonten Anwendung.

X. Inkrafttreten.

§ 15.

Diese Verordnung tritt am 1. Januar 1909 in Kraft.

Berlin, den 6. November 1908.

Der Reichskanzler.

In Vertretung:

Kraetke.

Ausführungsbestimmungen.

Zu § 1.

(Zu I) Die **Reichs-Postverwaltung** hat Postscheckämter eingerichtet in:

1. **Berlin** für die O.P.D.-Bezirke Berlin, Frankfurt (Oder), Magdeburg, Potsdam und Stettin;
2. **Danzig** für die O.P.D.-Bezirke Bromberg, Danzig, Gumbinnen, Königsberg (Pr.) und Köslin;
3. **Breslau** für die O.P.D.-Bezirke Breslau, Liegnitz, Oppeln und Posen;
4. **Leipzig** für die O.P.D.-Bezirke Chemnitz, Dresden, Erfurt, Halle (Saale) und Leipzig;
5. **Hamburg** für die O.P.D.-Bezirke Bremen, Hamburg, Kiel und Schwerin (Meckl.);
6. **Hannover** für die O.P.D.-Bezirke Braunschweig, Hannover, Minden (Westf.) und Oldenburg (Grhzgt.);
7. **Cöln** für die O.P.D.-Bezirke Aachen, Coblenz, Cöln, Dortmund, Düsseldorf, Münster (Westf.) und Trier;

8. **Frankfurt (Main)** für die O.P.D.-Bezirke Cassel, Darmstadt und Frankfurt (Main);

9. **Karlsruhe (Baden)** für die O.P.D.-Bezirke Karlsruhe (Baden), Konstanz, Metz und Straßburg (Elf.).

Die **Königl. Bayerische Postverwaltung** hat Postscheckämter eingerichtet in:

1. **München** für die O.P.D.-Bezirke Augsburg, Landshut und München;

2. **Nürnberg** für die O.P.D.-Bezirke Bamberg, Nürnberg, Regensburg und Würzburg;

3. **Ludwigshafen (Rhein)** für den O.P.D.-Bezirk Speyer.

Die **Königl. Württembergische Postverwaltung** hat ein Postscheckamt eingerichtet in:

Stuttgart.

A.B. zu § 15.

Zur Stellung eines Antrags auf Eröffnung eines Kontos für eine Handelsfirma, juristische Person oder sonstige Vereinigung oder Anstalt sind nur die Personen berechtigt, welche die Befugnis haben, die Firma, juristische Person, Vereinigung oder Anstalt rechtsverbindlich zu vertreten. Das Nähere ergibt sich aus der P.O. § 39 A.B.

Gesellschaften, Vereine, Genossenschaften, Kassen, die nicht im Handelsregister, Vereinsregister, Genossenschaftsregister usw. eingetragen sind, haben ihre

Satzung vorzulegen. Die Vertreter solcher nicht in einem öffentlichen Register eingetragenen Vereine usw. müssen durch glaubhafte Schriftstücke (P.O. § 39 A.B. zu II unter 4, S. 75) nachweisen, daß sie in der durch die Satzung vorgeschriebenen Form zur Vertretung berufen worden sind. Sofern es vom P.Sch.A. für erforderlich erachtet wird, muß ein amtliches Zeugnis hierüber vorgelegt werden.

Für Agenturen einer Gesellschaft oder Anstalt kann, sofern die Agentur nicht im Handelsregister eingetragen ist, ein Konto nur auf den persönlichen Namen des Agenten eröffnet werden. Wünscht der Agent, daß auf dem Konto seine Eigenschaft als Agent der Gesellschaft oder Anstalt zum Ausdrucke gebracht werde, so hat das P.Sch.A. einem solchen Antrage nur stattzugeben, wenn die Gesellschaft oder Anstalt auf eine Anfrage des P.Sch.A. sich hiermit einverstanden erklärt. Hält das P.Sch.A. eine einfache Anfrage bei der Gesellschaft nicht für ausreichend, so ist dem Agenten aufzugeben, durch Vorlegung einer amtlich beglaubigten Urkunde nachzuweisen, daß die Gesellschaft mit der Eröffnung des Kontos unter obiger Bezeichnung einverstanden ist.

Beantragt eine Ehefrau die Eröffnung eines Kontos auf ihren Namen, so bedarf sie der Zustimmung des Ehemanns.

Der Antrag auf Eröffnung eines Kontos für einen Minderjährigen oder Entmündigten muß von seinem gesetzlichen Vertreter gestellt werden.

(Zu V) Von den durch Ein- und Rückzahlungen eintretenden Änderungen des Guthabens wird der Kontoinhaber vom P.Sch.A. benachrichtigt.

Zu § 3.

(Zu II) Das Formular zu Zahlkarten wird nach der Anl. 3 hergestellt.

Die von den deutschen Postverwaltungen ausgegebenen Formulare können zu Einzahlungen bei allen Postanstalten und P.Sch.Ä. innerhalb des Deutschen Reichs benutzt werden. Bei den im Reichs-Postgebiete belegenen Postanstalten und P.Sch.Ä. dürfen also auch solche Zahlkarten eingeliefert werden, die von der Königlich Bayerischen oder der Königlich Württembergischen Postverwaltung hergestellt sind.

(Zu III) Zur Vermeidung von Irrtümern bei Benutzung der Zahlkarten empfiehlt es sich, daß in möglichst weitem Umfange solche Formulare benutzt werden, auf denen die Kontonummer, der Name und Wohnort des Kontoinhabers sowie der Name des P.Sch.A. vorgedruckt sind. Dieser Vordruck wird auf Antrag des Kontoinhabers auch durch das P.Sch.A. gegen Erstattung der Kosten ausgeführt.

Die Kontonummer, der Name des Kontoinhabers usw. können in den Zahlkarten auch mit Tinte eingetragen werden.

(Zu V) Der Kontoinhaber kann die Rückseite des Einlieferungsscheins im voraus handschriftlich oder durch Druck mit Vermerken versehen.

(Zu VII) Zu den Unbestellbarkeitsmeldungen sind Formulare nach der Anl. 16 zu verwenden. Auf die Behandlung der Unbestellbarkeitsmeldungen finden die Vorschriften des Abschn. V, 1 § 45 A.B. zu II entsprechende Anwendung.

(Zu VIII) Geldbeträge, die durch Zahlkarte übermittelt werden sollen, darf der Landbriefträger nur dann vom Publikum entgegennehmen, wenn ihm mit dem Betrag auch das ausgefüllte Zahlkartenformular übergeben wird.

Zu § 4.

(Zu I) Der Antrag kann schriftlich oder mündlich gestellt werden.

(Zu II) Für die Übersendung der Abschnitte der Postanweisungen an den Kontoinhaber wird keine Gebühr erhoben. Die Überweisung der dem Kontoinhaber gutzuschreibenden Postanweisungsbeträge an das P.Sch.A. erfolgt in der Weise, daß der Gesamtbetrag aller für den Kontoinhaber gleichzeitig vorliegenden Postanweisungen in eine Zahlkarte aufgenommen wird. Die Gebühr für die Gutschrift beim P.Sch.A. (§ 9 I, 1) wird nach dem Betrage der Zahlkarte berechnet, sie wird also nicht für jede einzelne Postanweisung in Ansatz gebracht.

Werden Postanweisungen für einen Kontoinhaber vom Absender unmittelbar an das P.Sch.A. adressiert, so werden die Beträge dem Konto gutgeschrieben und die Abschnitte dem Kontoinhaber übersandt.

(Zu IV) Die Postanstalt, welche die Postanweisung ausfertigt, adressiert diese an das zuständige P.Sch.A. unter Hinzufügung des auf dem Postauftrag oder der Nachnahme angegebenen Kontos in folgender Form:

An
das K. Postscheckamt
(zur Gutschrift auf das Konto Nr. . . .
des N . . . . in M . . . . . .)
in
H . . . . (Ort des P.Sch.A.).

Auf die Ausfüllung des Abschnitts der Postanweisung finden die Vorschriften der P.O. § 19 A.B. zu VI Anwendung.

Zu § 6.

(Zu III) Zur Abgabe der Unterschrift wird dem Kontoinhaber vom P.Sch.A. ein besonderes Formular in zwei Exemplaren übersandt. Die Übersendung erfolgt ohne Antrag bei Eröffnung des Kontos. Tritt bezüglich der Personen, die zur Ausstellung von Überweisungen und Schecks für ein Konto berechtigt sind, eine Änderung ein, so hat der Kontoinhaber bei dem P.Sch.A. die Übersendung eines neuen Formulars zu beantragen.

(Zu V) Die Unterschrift muß stets handschriftlich gezeichnet werden.

Zu § 7.

(Zu I) Die Formulare werden nach den Anl. 6 und 7, und zwar

die Formulare Anl. 7 in Heften zu 50 Stück,
" " " 6 " " " 25 "

hergestellt.

(Zu II) Stimmt in einer an das P.Sch.A. gesandten Überweisung der in Ziffern angegebene Betrag nicht mit dem in Buchstaben bezeichneten Betrag überein, so wird die Überweisung nach dem geringeren Betrag ausgeführt.

Bei Benutzung der Blattform können Gutschriften für mehrere Empfänger in einer Überweisung zusammengefaßt werden; in diesem Falle ist der Überweisung ein vom Kontoinhaber zu unterschreibendes Verzeichnis nach dem Muster der Anl. 9 beizufügen. Die Schlußsumme des Verzeichnisses muß mit dem auf dem Überweisungsformular angegebenen Betrag übereinstimmen.

Die Überweisungsgebühr (§ 9 I, 3) wird für jede in das Verzeichnis aufgenommene Überweisung berechnet.

Zu § 8.

(Zu I) Das Scheckformular wird nach der Anl. 5 hergestellt.

(Zu III) Der Scheck ist stets bei dem P.Sch.A. einzureichen, welches das Konto des Scheckausstellers führt.

(Zu VI) Wünscht ein Kontoinhaber, daß der Betrag eines zu seinen Gunsten ausgestellten Schecks an ihn bar ausgezahlt werde, so hat er dies auf der Vorderseite des Schecks links unten unterhalb der Angabe des Ortes und der Zeit der Ausstellung zu vermerken. Der Vermerk kann lauten: „Barzahlung".

Hat sich der Aussteller eines Schecks selbst als Zahlungsempfänger bezeichnet, so wird der Betrag stets bar durch Vermittlung der Postanstalt an ihn ausgezahlt.

(Zu VIII) Bei unbestellbaren Zahlungsanweisungen ist die Unbestellbarkeitsmeldung an das P.Sch.A. zu richten. Eine Gebühr wird nicht erhoben.

(Zu XI und XII) Der Antrag ist auf der Vorderseite des Schecks links unten unterhalb der Angabe des Ortes und der Zeit der Ausstellung zu vermerken.

Zu § 9.

(Zu I) Von der Gebühr zu I, 2 sind die Beträge befreit, welche vom P.Sch.A. mittels Postanweisung oder Wertbriefs abgesandt werden. Wird der Betrag einer unbestellbaren Zahlungsanweisung dem Konto des Scheckausstellers wieder gutgeschrieben, so wird für diese Gutschrift keine Gebühr erhoben.

Die Gebühr von 3 Pf. (I, 3) wird erhoben ohne Unterschied, ob die Übertragung mittels Schecks (Anl. 5) oder mittels Überweisung (Anl. 6 und 7) erfolgt.

Bei Berechnung der auf einem Konto ausgeführten Buchungen (I, 4) bleiben die Abbuchungen der Gebühren und der Preise für Zahlkartenformulare und Scheckhefte sowie diejenigen Rückzahlungen außer Ansatz, über welche Postanweisungen oder Wertbriefe gefertigt werden.

Zu § 10.

Die Sendungen der Kontoinhaber an die P.Sch.A. unterliegen dem tarifmäßigen Porto.

Der im Wechselverkehre mit Bayern und Württemberg vorkommende Schriftwechsel hat im gleichen Umfang Anspruch auf portofreie Beförderung wie im Reichs-Postgebiete selbst.

Zu § 11.

Im Falle des Todes oder des Eintritts der Geschäftsunfähigkeit eines Kontoinhabers verlieren die bei dem P.Sch.A. niedergelegten Unterschriften der Personen, die zur Ausstellung von Überweisungen und Schecks auf das Konto berechtigt sind, ihre Gültigkeit, sobald der Tod oder der Eintritt der Geschäftsunfähigkeit des Inhabers dem P.Sch.A. bekannt wird.

Mit der Eröffnung des Konkursverfahrens verliert ein Kontoinhaber die Befugnis, über sein Konto beim P.Sch.A. zu verfügen. Bevor die vor der Konkurseröffnung ausgestellten Schecks eingelöst werden, muß dem Konkursverwalter Gelegenheit zur Äußerung gegeben sein. Die Unterschriften der zur Ausstellung von Überweisungen und Schecks auf dieses Guthaben berechtigten Personen verlieren ihre Gültigkeit. Das

Verfügungsrecht geht auf den Konkursverwalter über, der seine Berechtigung durch Vorlegung der gerichtlichen Bestallung nachzuweisen hat.

Die P.Sch.Ä. haben sich über die in ihren Bezirken vorkommenden Konkurseröffnungen auf Grund der Bekanntmachungen im Deutschen Reichsanzeiger fortlaufend unterrichtet zu halten und unverzüglich Vorkehrungen dahin zu treffen, daß auf Überweisungen und Schecks, die vom Gemeinschuldner ausgestellt sind, keine Zahlung mehr geleistet wird.

Zu § 12.

(Zu I) Werden nach dem Erlöschen eines Kontos noch Einzahlungen für dieses geleistet, so werden die Beträge den Einzahlern zurückgezahlt.

Mit dem Tode des Kontoinhabers erlischt sein Konto. Das Guthaben ist an die Erben auszuzahlen, nachdem sie sich durch Vorlegung des Testaments, des gerichtlichen Erbscheins usw. ausgewiesen haben. Hatte der Kontoinhaber bei dem P.Sch.A. eine Verfügung hinterlegt, nach der im Falle seines Todes eine bestimmt bezeichnete Person zur Abhebung seines Guthabens berechtigt sein soll, so ist das Guthaben an diese auszuzahlen. Die Überweisungen und Schecks, die bis zum Todestag ausgestellt sind, sind noch einzulösen, solange das Guthaben an die Erben noch nicht ausgezahlt ist.

(Zu II) Die Aufhebung des Kontos kann insbesondere erfolgen, wenn der Kontoinhaber wiederholt

Überweisungen und Schecks ausstellt, deren Beträge sein verfügbares Guthaben übersteigen.

Zu § 15.

In Bayern und Württemberg wird der Post-Überweisungs- und Scheckverkehr ebenfalls mit dem 1. Januar 1909 zur Einführung gelangen und nach gleichen Grundsätzen geregelt werden wie im Reichs-Postgebiete.

Anlagen.

Anl. 1.

Antrag
auf Eröffnung eines Postscheckkontos*).

Der Unterzeichnete ....
D.... Firma, Verein

....

in ....
wünscht dem Post-Überweisungs- und Scheckverkehre beizutreten und beantragt die Eröffnung eines Kontos beim Kaiserlichen Postscheckamt in ....

Es wird ersucht um Übersendung von

.... Scheckheften sowie

.... Zahlkarten**), auf denen die Nummer und die Bezeichnung des neuen Kontos vorgedruckt sind,

.... Zahlkarten**) ohne diesen Vordruck.

Mittels Zahlkarte ist heute der Betrag von .... M ..... Pf. an das oben bezeichnete Postscheckamt eingesandt worden.

(Ort) ...., den 19

....
Unterschrift des Antragstellers

....
Wohnung (Straße und Hausnummer)

Anm. *) Zu beachten die Bemerkungen auf der Rückseite.
**) Zahlkarten werden von dem Postscheckamte nur in Mengen abgegeben, die durch 50 teilbar sind, z. B. 50, 100, 150, 200 usw. Zahlkarten.

(Vorderseite.)

Noch: Anl. 1.

Bemerkungen.

1. Antragsteller.

Privatpersonen haben sämtliche Vornamen sowie Stand und Beruf anzugeben. Der Rufname ist zu unterstreichen (Abkürzungen, wie z. B. Fr. für Friedrich, sind unzulässig).

Eingetragene Firmen haben den Wortlaut der handelsgerichtlichen Eintragungen genau anzugeben.

Nichteingetragene Vereine und Korporationen haben die Satzung vorzulegen.

Ehefrauen bedürfen der Zustimmung des Ehemanns.

2. Zahlkarten.

Zahlkarten werden an die Kontoinhaber zum Preise von 25 Pf. für je 50 Stück geliefert.

Zur Vermeidung von Irrtümern empfiehlt es sich, daß zu Einzahlungen auf ein Postscheckkonto in möglichst weitem Umfange solche Formulare zu Zahlkarten benutzt werden, in denen von vornherein die Kontonummer und der Name des Kontoinhabers sowie der Name des Postscheckamts vorgedruckt sind. Der Vordruck erfolgt auf Antrag durch Vermittlung des Postscheckamts. Für das Bedrucken werden den Kontoinhabern die unten*) angegebenen Kosten in Rechnung gestellt.

Einzelne Formulare zu Zahlkarten ohne Vordruck werden bei den Postanstalten unentgeltlich verabfolgt.

3. Scheckhefte.

Scheckformulare werden an die Kontoinhaber (in Heften von 50 Stück) zum Preise von 50 Pf. für das Heft geliefert.

4. Formulare zu Ueberweisungen auf andere Postscheckkonten.

Die Formulare werden den Kontoinhabern von den Postscheckämtern unentgeltlich geliefert. Bei Eröffnung des Kontos wird

---

*) Für 50 Zahlkarten . . . . . . 35 Pf.,
„ 100 „ . . . . . . 50 „ usw., für je weitere 100 Zahlkarten 15 Pf. mehr.

(Rückseite.)

Noch: Anl. 1.

Ihnen je ein Heft dieser Formulare in Blattform und in Postkartenform übersandt werden.

5. Erste Einzahlung.

Die erste Einzahlung kann in beliebiger Höhe geleistet werden, muß jedoch, falls Scheckhefte und Zahlkarten bestellt werden, mindestens zur Deckung des Preises für diese hinreichen. Es empfiehlt sich, gleichzeitig wenigstens die Stammeinlage von 100 *M* einzuzahlen. Der Hauptteil der Zahlkarte, mit der die erste Einzahlung erfolgt, ist nach folgendem Muster auszufüllen:

Zahlkarte

auf *150* Mark — Pf.

zu wiederholen (die Mark in Buchstaben):

Einhundertundfünfzig Mark — Pf.

zur Gutschrift auf das Konto Nr. ***Neu***

des *Kaufmanns Richard Oberhaus in Strassburg (Els.) Mittelstr. 3*

bei dem Postscheckamt in *Karlsruhe (Baden)*.

6. Abgabe des Antrages an die Postanstalt.

Der Antrag ist offen und unfrankiert am Schalter der Postanstalt abzugeben, von welcher der Antragsteller seine Postsachen erhält. Der Antrag kann auch unter Briefumschlag an diese Postanstalt eingesandt werden, indem der Brief entweder in einen Briefkasten gelegt oder einem Landbriefträger zur Mitnahme an diese Postanstalt übergeben wird. Für die Einsendung wird keine Gebühr erhoben.

(Noch: Rückseite.)

Anl. 2.

Vom Postscheckamt auszufüllen.

Postscheckamt ....

Konto-Nr.: ....

Kontoinhaber: ....

....

Dem Kaiserlichen Postscheckamte teile ich mit, daß bei der Vollziehung von Überweisungen und Schecks für das oben angegebene Konto

1. Herr / Frau, Fräulein ....

zeichnen wird: ....

2. Herr / Frau, Fräulein ....

zeichnen wird: ....

3. Herr / Frau, Fräulein ....

zeichnen wird: ....

4. Herr / Frau, Fräulein ....

zeichnen wird: ....

Bemerkungen: ....

Unterschrift des Kontoinhabers:

(Vorderseite.)

Bemerkungen.

1. Der Kontoinhaber hat unter Nr. 1 seinen Namen einzutragen und seine Unterschrift abzugeben.
2. Bei den anderen Personen, die zur Ausstellung von Überweisungen und Schecks berechtigt sein sollen, ist der Vor- (Ruf-) und Zuname anzugeben. Daneben haben diese Personen ihre Unterschriften eigenhändig abzugeben, und zwar in der Form, wie sie die Schecks usw. unterzeichnen werden.
3. Enthält eine Handelsfirma, offene Handelsgesellschaft usw. außer einem oder mehreren Personennamen noch eine auf ihren Sitz oder ihre Erzeugnisse u. dgl. bezügliche Angabe (z. B. Vereinigte Berlin-Charlottenburger Hutfabriken C. W. Krüger & Co.), so können die zur Ausstellung der Überweisungen und Schecks berechtigten Personen in der Weise zeichnen, daß sie dem durch Stempelabdruck wiedergegebenen Wortlaute der handelsgerichtlichen Eintragung der Firma handschriftlich ihren Namen hinzufügen, z. B.

Stempelabdruck { **Vereinigte Berlin-Charlottenburger Hutfabriken C. W. Krüger & Co.**

Handschriftliche Angabe: *Aug. Müller.*

4. Unter „Bemerkungen" sind besondere Angaben in bezug auf die Unterschriften, z. B. über Kollektivzeichnung usw., niederzuschreiben.
5. Die Angaben sind am Schlusse der Erklärung vom Kontoinhaber zu unterschreiben; eine Beglaubigung der Unterschrift ist nicht erforderlich.
6. Die dem Postscheckamte mitgeteilten Unterschriften haben so lange Gültigkeit, bis der Kontoinhaber diesem Amte das Erlöschen der Vertretungsbefugnis schriftlich mitgeteilt hat.

(Rückseite.)

(Vorderseite)

Dieser Abschnitt wird vom Postscheckamte dem Kontoinhaber übersandt.

Aufg.-stempel

eingezahlt am ....

.... Mark ... Pf.

von ....

....

....

auf das Konto Nr. ....

Zahlkarte

Aufg.-stempel

auf .... Mark ... Pf.

Zu wiederholen (die Mark in Buchstaben):

.... Mark .... Pf.

zur Gutschrift auf das Konto Nr. ....

de ....

....

bei dem Postscheckamt in ....

Postvermerk

Nr. ....

eingetragen durch:

am ....

Ankunfts-Nr.

(Perforiert)

Posteinlieferungsschein.

(Der Vordruck oberhalb des Raumes für den Postvermerk ist vom Einzahler auszufüllen.)

(die Mark in Buchstaben)

.... Mark .... Pf.

zur Gutschrift auf das Konto Nr. .... de ....

....

bei dem Postscheckamt in ....

Postvermerk

Aufg.-stempel

Aufgabenummer ....

Postannahme

....

(Rückseite)

Mitteilungen

1. Auf Zahlkarte können von jedermann an den Inhaber eines Postscheckkontos Beträge bis zu 10000 Mark eingezahlt werden.
2. Die Zahlkarte ist in allen drei Teilen auszufüllen und mit dem Betrag einer beliebigen Postanstalt oder einem Postscheckamte zu übergeben.
3. Außer der Kontonummer ist die genaue Adresse des Kontoinhabers (nach Namen, Stand oder Gewerbe und Wohnort) sowie das Postscheckamt anzugeben. Die Kontonummer ist besonders deutlich zu schreiben.
4. Der Posteinlieferungsschein wird vom Postbeamten vollzogen und dem Überbringer als Bestätigung über die Einzahlung zurückgegeben.

(Perforiert)

Anl. 4.

Briefumschlag.

Herrn ....

Inliegend die Abschnitte von .... Postanweisungen, deren Gesamtbetrag von .... M. .... Pf. auf Ihr Postscheckkonto abgeführt werden wird.

Kaiserl. Postamt ....

Anl. 5 (A. B. zu § 8).

№

.... M ..... Pf.

an ....

....

....

am ....

(Perforiert)

№ Konto=Nr. .... M ..... Pf.

Kontoinh.:

Das Kaiserliche Postscheckamt in

zahle gegen diesen Scheck aus meinem / unserem Guthaben den Betrag von

.... Mark .... Pf.

an*) ....

in ....

Unterschrift:

(Ort) ...., den .... 19..

10 000
9 000
8 000
7 000
6 000
5 000
4 000
3 000
2 000
1 000
900
800
700
600
500
400
300
200
100

*) Schecks, die mit einem Indossamente versehen sind, werden vom Postscheckamte nicht eingelöst.

Soll der Betrag bei der Kasse des Postscheckamts unmittelbar abgehoben werden, so ist der Zahlungsempfänger nicht anzugeben.

Anl. 6 (A. B. zu § 7).

(Perforiert)

Postkarte.

Zum Aufkleben der Freimarke

An

das Kaiserliche Postscheckamt

in

Dieser Abschnitt wird vom Postscheckamte dem Gutschrifts-empfänger übersandt.

Mitteilungen

(Vorderseite.)

№

.... M ..... Pf.

an ....

....

....

am ....

(Perforiert)

№ Konto-Nr. ...... M ...... Pf.

Kontoinh.:

Das Kaiserliche Postscheckamt in

wolle aus $\frac{\text{meinem}}{\text{unserem}}$ Guthaben

den Betrag von

.... Mark ...... Pf.

auf das Konto Nr. .... de ....

....

bei dem Postscheckamt in ....

.... überweisen.

Unterschrift:

(Ort) ...., den .... 19 ...

.... M ..... Pf.

überwiesen

von ....

....

....

....

zur Gutschrift auf das Konto

Nr. ....

bei dem Postscheckamt

in

(Rückseite.)

Anl. 7 (A. B. zu § 7).

№

.... M .... Pf.

an ....

....

....

am ....

(Perforiert)

№ Konto-Nr. .... M .... Pf.

Kontoinh.:

Das Kaiserliche Postscheckamt in

wolle aus $\frac{\text{meinem}}{\text{unserem}}$

Guthaben den Betrag von

....

.... Mark .... Pf.

auf das Konto Nr. .... de ....

....

bei dem Postscheckamt in ....

.... überweisen.

Unterschrift:

(Ort) ...., den .... 19....

Dieser Abschnitt wird vom Postscheckamte dem Gutschrifts-empfänger übersandt.

.... M .... Pf.

überwiesen

von ....

....

....

....

zur Gutschrift auf das Konto

Nr. ....

bei dem Postscheckamt

in ....

Anl. 8.

Über Ihr Kontoguthaben (soweit es die Stammeinlage von 100 M. übersteigt) können Sie jederzeit in beliebigen Beträgen verfügen und zwar:

entweder a) mittels Überweisungen in Blattform — rotes Formular,
oder b) „ „ „ Postkartenform — Giropostkarten,
„ c) „ Schecks des vorliegenden Heftes.

I Hat der **Zahlungsempfänger ein Konto** bei einem im Deutschen Reiche belegenen Postscheckamte, so sind die roten Formulare (a) oder die Giropostkarten (b) zu benutzen, sofern der Betrag dem Konto des Empfängers gutgeschrieben werden soll und der Auftrag von Ihnen unmittelbar an das Postscheckamt gesandt wird.

II **Soll dagegen der Betrag bar gezahlt werden,** so dürfen nur **Schecks des vorliegenden Heftes** verwendet werden. Es ist aber auch zulässig, diese Schecks zu benutzen, wenn der Betrag einem anderen Postscheckkonto gutgeschrieben werden soll.

Der Höchstbetrag eines Schecks ist 10 000 M.

Die handschriftliche Ausfüllung der Scheckformulare muß mit Tinte geschehen; die Formulare können auch durch Druck, mit der Schreibmaschine usw. ausgefüllt werden. Bei der Ausfüllung ist sorgfältig darauf Bedacht zu nehmen, daß nachträgliche Änderungen des Schecks nicht vorgenommen werden können.

Von der am rechten Rande des Schecks befindlichen Zahlenreihe wollen Sie diejenigen Zahlen abschneiden oder mit Tinte durchstreichen, welche den Betrag des Schecks übersteigen.

Der Scheck muß von Ihnen oder einer der Personen unterschrieben werden, deren Unterschriften Sie dem Postscheckamte mitgeteilt haben.

Beispiel:

№ 7 Konto-Nr. *2341* *845* M *50* Pf.

Kontoinh.: *Kaufmann* ***Richard Oberhaus***
in ***Strassburg*** *(Els.).*

Das Kaiserliche Postscheckamt in **Karlsruhe** (Baden)
zahle gegen diesen Scheck aus meinem ~~unserem~~ Guthaben den Betrag von
Achthundertfünfundvierzig Mark *50* Pf.
an *Herrn Fabrikbesitzer* ***Hermann Hofmann***
in ***Demmin.***
(Ort) *Strassburg (Els.)*, den *3. März* 19*09.*
Unterschrift:
Richard Oberhaus.

~~10000 9000 8000 7000 6000 5000 4000 3000 2000 1000 900~~ 800 700 600 500 400 800 200 100

Geht der vorstehende Scheck beim Postscheckamt in Karlsruhe ein, so prüft dieses Amt, ob der Fabrikbesitzer Hofmann ein Konto bei dem Postscheckamt in Berlin hat, zu dessen Bezirke Demmin gehört.

Noch: Anl. 8.

Hat **Hofmann kein Postscheckkonto,** so gibt das Postscheckamt in Karlsruhe dem Postamt in Demmin den Auftrag, den Betrag von 845 M 50 Pf. an Hofmann **bar** zu zahlen.

Hat **Hofmann ein Postscheckkonto,** so wird der Betrag von 845 M 50 Pf. seinem Konto gutgeschrieben.

Hat **Hofmann zwar ein Postscheckkonto,** soll aber der Betrag **doch an ihn**

№ 5 Konto=Nr. *2341* *6379* M. *45* Pf.

Kontoinh.: *Kaufmann* ***Richard Oberhaus***

in ***Strassburg*** *(Els.)*.

Das Kaiserliche Postscheckamt in **Karlsruhe** (Baden)

zahle gegen diesen Scheck aus meinem / ~~unserem~~ Guthaben den Betrag von

sechstausenddreihundertneunundsiebzig Mark *45* Pf.

an *Herrn Fabrikbesitzer* ***Hermann Hofmann***

in ***Demmin***

(Ort) *Strassburg (Els.)*, den *3. März* *1909.*

Unterschrift:

Barzahlung. ***Richard Oberhaus.***

6000
5000
4000
3000
2000
1000
900
800
700
600
500
400
300
200
100

bar (durch das Postamt in Demmin) gezahlt werden, so muß auf dem Scheck in der linken unteren Ecke der Vermerk **„Barzahlung"** nach dem vorstehenden Beispiel eingetragen werden.

Ist Ihnen bekannt, daß der Zahlungsempfänger ein Postscheckkonto hat, so empfiehlt es sich sehr, im Scheck stets die Kontonummer und das Postscheckamt bei dem Namen des Zahlungsempfängers anzugeben.

№ *15* Konto-Nr. *2341* *45* *M.* *75* *Pf.*

Kontoinh.: *Kaufmann* ***Richard Oberhaus***

in ***Strassburg*** *(Els.)*.

Das Kaiserliche Postscheckamt in **Karlsruhe** (Baden)

zahle gegen diesen Scheck aus meinem ~~unserem~~ Guthaben den Betrag von

Fünfundvierzig Mark *75* Pf.

an *die Sparkasse in* ***Hagenau*** *(Els.) Konto Nr. 365*

beim Postscheckamt in ***Karlsruhe***

(Ort) *Strassburg (Els.)*, den *7. April 1909.*

Unterschrift:

Richard Oberhaus.

1000 900 800 700 600 500 400 300 200 100 900 800 700 600 500 400 300 200 100

Noch: **Anl. 8.**

Soll der Betrag der Schecks **Ihnen selbst** durch eine Postanstalt **bar** ausgezahlt werden, so müssen Sie Sich als Zahlungsempfänger bezeichnen. Der Vermerk „Barzahlung“ ist in diesem Falle nicht erforderlich.

Soll die Barzahlung durch telegraphische Anweisung erfolgen, so ist in der linken unteren Ecke des Schecks der Vermerk **„Zahlung telegraphisch“** einzutragen und **vom Antragsteller zu unterschreiben.** Der Scheck darf in diesem Falle nicht über einen höheren Betrag als 800 M lauten.

Wohnt der im Scheck bezeichnete Zahlungsempfänger im **Auslande,** so wird ihm, wenn er kein Konto bei einem inländischen Postscheckamte hat, der Betrag mittels Postanweisung oder Wertbriefs übersandt.

III. Soll der Betrag des Schecks von Ihnen oder einer beliebigen anderen Person **unmittelbar bei der Kasse des Postscheckamts bar abgehoben** werden, so sind im Scheck außer dem Betrage nur Ort und Zeit der Ausstellung sowie die Unterschrift einzutragen.

Will der Inhaber eines solchen Schecks, in dem kein Zahlungsempfänger angegeben ist, den Scheck **nicht bei der Kasse des Postscheckamts einlösen,** so kann er verlangen, daß ihm der Betrag des Schecks durch Vermittlung einer Postanstalt bar ausgezahlt, oder — wenn er selbst ein Postscheckkonto hat — seinem **Konto** gutgeschrieben werde. Der Antrag ist auf dem Scheck in der linken unteren Ecke **unterhalb** der Angabe des Ortes und der Zeit zu vermerken. Z. B.: „Betrag an Herrn Gutsbesitzer Friedrich Kühn in Neudorf bei Bielefeld“ oder „Betrag dem Konto Nr. 315 des

Rechtsanwalts Friedrich Hahn in Leipzig bei dem Postscheckamt in Leipzig gutzuschreiben".

IV. Der Scheck ist **binnen 10 Tagen** nach der Ausstellung beim Postscheckamte zur Einlösung vorzulegen. Wird ein Scheck erst nach Ablauf dieser Frist vorgelegt, so hängt es vom Ermessen des Postscheckamts ab, ob der Scheck einzulösen ist.

Alle von Ihnen ausgestellten Schecks sind stets bei dem Postscheckamt einzureichen, welches Ihr Konto führt. Erfolgt die Einsendung mittels Briefes, so ist der Scheck ohne Begleitschreiben in den Briefumschlag zu legen. In einen Briefumschlag können mehrere Schecks und Überweisungen gelegt werden. Der Brief ist zu frankieren.

V. Die Formulare zu Überweisungen und Schecks müssen **sorgfältig aufbewahrt werden. Sie tragen alle Nachteile,** die aus dem Verlust oder sonstigen Abhandenkommen der Formulare entstehen, wenn Sie nicht das Postscheckamt von dem Abhandenkommen benachrichtigt haben, um die Überweisung oder Zahlung an einen Unberechtigten zu verhindern.

Anl. 9 (A. B. zu § 7).

Anlage zur Ueberweisung.

Konto=Nr. ...., Kontoinhaber ....,
Nr. ...., Reihe .... des Überweisungsformulars.

Lfde. Nr.	Adresse des Zahlungs=empfängers	Postscheck=amt, bei dem das Konto geführt wird	Konto=Nr.	Betrag ℳ	Betrag Pf.	Raum für dienstliche Vermerke des Postscheck=amts

Postscheckamt

Angewiesen
aus dem Konto

P. Sch. A.

Muster

Zahlungsanweisung Nr.

auf

Für das Postscheckamt

Ankunfts-
Nr.

Ankunfts-
stempel

Noch: **Anl. 10.**

Quittung des Empfängers

Umstehenden Betrag erhalten

(Name) ....

Anl. 11.

Konto Nr. ..... **Kaiserliches Postscheckamt** ....

Nr. ......

Auf Ihrem Konto sind am .... 19.... gebucht: ..... Anl.

Stückzahl	Gegenstand	Gutschriften ℳ	Gutschriften Pf.	Lastschriften ℳ	Lastschriften Pf.	Guthaben ℳ	Guthaben Pf.	Zur Benutzung für den Kontoinhaber
1	2	3		4		5		6
	Guthaben nach dem vorigen Auszuge	—	—	—	—			
	Zahlkarten			—	—	—	—	
	Ueberweisungen von anderen Postscheckkonten			—	—	—	—	
	Postanweisungen			—	—	—	—	
				—	—	—	—	
	Barrückzahlungen	—	—			—	—	
	Ueberweisungen auf andere Postscheckkonten	—	—			—	—	
	Gebühren	—	—			—	—	
		—	—			—	—	
	Summe							
	Jetziges Guthaben einschl. der Stammeinlage	—	—	—	—			

Gebührenzettel.

Konto-Nr.: ....

Kontoinhaber: ....

Ihrem Konto sind heute abgeschrieben:

a) für .... Zahlkarten .... *M* ..... Pf.

b) „ .... Scheckhefte „ ..... „

c) „ .... Postanweisungen

und Telegramme .... „ „

d) „

.... „ .... „

Summe *M* ..... Pf.

Gebührenzettel.

Konto-Nr.: ....

Kontoinhaber:

Von Ihrem Konto sind heute abgebucht:

a) Buchungsgebühren für die Zeit
vom .... bis ....:

1. Gebühren für Bareinzahlungen	.... M	..... Pf.
2. Gebühren für Barrückzahlungen		
a) Grundgebühren . . .	„	„
b) Steigerungsgebühren ($^1/_{10}$ ‰ von .... M ..... Pf.)	„	„
3. Gebühren für Übertragungen	„	„
4. Zuschlaggebühren für mehr als 600 Buchungen jährlich	.... „	..... „
b)	„	„
....	„	..... „
Summe	.... M	..... Pf.

Anl. 14.

Gutschriftzettel.

Konto-Nr.: ……………

Kontoinhaber: ………………………………………………

……………… ……………

Ihrem Konto sind heute gutgeschrieben worden ……… *M* ……… Pf. aus dem Konto Nr. ……… de ………………………………

………………………………

………………………………………………

………………………………

………………………………………………

Lastschriftzettel.

Konto-Nr.:

Kontoinhaber: ....

....

Von Ihrem Konto sind heute abgeschrieben worden für

Scheck Nr.	Überweisung Nr.	Giropostkarte Nr.	M	Pf.
		Seite:		

(Vorderseite.)

Scheck Nr.	Überweisung Nr.	Giropostkarte Nr.	ℳ	Pf.
		Übertrag		

(Rückseite.)

Anl. 16 (A. B. zu § 8).

Meldung wegen einer unbestellbaren Zahlkarte.

An
Herrn ....
in ....
Wohnung: ....

Kaiserliches Postscheckamt ...., ... 19 .

Abgangsnummer der Meldung
Eingangsnummer der Meldung ....

Die nachbezeichnete Zahlkarte, Aufgabenummer: ....
Nummer des Kontos: ....
Empfänger: ....
Aufgabepostanstalt: .... ,
Aufgabestempel: ....
Buchungszeichen des Absenders:
Eingezahlter Betrag: ....
kann auf dem angegebenen Konto nicht gebucht werden, weil ....
Sie werden ersucht, hierunter anzugeben ....
oder zu erklären, ob der Betrag der Zahlkarte an Sie zurückgezahlt werden soll.

Andere Erklärungen werden nicht berücksichtigt. Die Erklärung ist innerhalb 7 Tage, vom Tage der Zustellung dieses Schreibens ab, **bei der Postanstalt, bei der Sie die Zahlkarte eingeliefert haben,** abzugeben. **Gleichzeitig ist der über die Zahlkarte erteilte Posteinlieferungsschein vorzulegen. Für diese Unbestellbarkeitsmeldung haben Sie 20 Pf. Porto zu zahlen.**

Erledigungsvermerk der Aufgabepostanstalt (Angabe über Vorlegung der Einlieferungsbescheinigung.)	Erklärung des Absenders (von diesem zu unterschreiben, Firmenstempel ohne Unterschrift genügt **nicht**.)
	Raum für den Absender zur Entrichtung der Meldungsgebühr in Freimarken (siehe oben).
	Vom Absender zurückzugeben an die Kaiserliche Postanstalt ....

(Vorderseite.)

Unbestellbarkeitsmeldung.

An

die Kaiserliche Postanstalt

in ....

Postsache.

Erledigte Unbestellbarkeitsmeldung.

An

das Kaiserliche Postscheckamt

in ....

Postsache.

(Rückseite.)

Guttentag'sche Sammlung

Deutscher Reichsgesetze.

Text-Ausgaben mit Anmerkungen. Taschenformat.

1. **Verfassung des Deutschen Reichs.** Von Dr. **L. von Rönne.** 10. Aufl. von Landrat **P. von Rönne** und Regierungs-Assessor **von Dobbeler.** 1912. 2 M. 60 Pf.

2. **Strafgesetzbuch** für das Deutsche Reich. Von Dr. **H. Rüdorff.** 23. Aufl. bearbeitet von Prof. Dr. **Fr. v. Liszt** und Dr. **Ernst Delaquis.** 1910. 1 M. 80 Pf.

3. **Militärstrafgerichtsordnung** nebst Einführungsgesetz Von Wirkl. Geheimen Kriegsrat Dr. jur. **A. Romen** u. Kriegsgerichtsrat Dr. **C. Rissom.** 1910. 6 M.

4. **Handelsgesetzbuch vom 10. Mai 1897 unter Ausschluß des Seerechts.** 14. Aufl. herausgegeben von Geh. Justizrat Prof. Dr. **A. Mosse.** 1911. 5 M.

5. **Wechselordnung vom 3. Juni 1908.** Kommentar von Justizrat Dr. **J. Stranz** und Rechtsanwalt Dr. **M. Stranz,** und das **Wechselstempelsteuergesetz** vom 15. Juli 1909 von Geh. Regierungsrat **P. Loeck.** 11. Aufl. 1913. 4 M.

5a. **Wechselstempelsteuergesetz** apart. 11. Aufl. 1 M. 50 Pf.

6. **Reichsgewerbeordnung** nebst Ausführungsbestimmungen. Von **Berger** und **Wilhelmi.** 18. ver-

änderte und sehr vermehrte Auflage von Stadtrat Dr. **Karl Flesch** in Verbindung mit Dr. **Friedr. Hiller** u. Dr. **Herm. Luppe.** 1910. 4 M.

7. **Post- und Telegraphen-Gesetzgebung.** Nebst Weltpostvertrag und internationalem Telegraphenvertrag 6. Aufl. von Geh. Ober-Postrat Dr. **M. König.** 1908. 4 M.

8. **Die Reichsgesetze über den Unterstützungswohnsitz, die Freizügigkeit, den Erwerb und Verlust der Bundes- und Staatsangehörigkeit.** Von Geheimrat Dr. **J. Krech,** Mitglied d. Bundesamtes für das Heimatwesen. 8. Aufl. 1913. 3 M. 60 Pf.

9. **Sammlung kleinerer strafrechtlicher Reichsgesetze.** Von Dr. **N. H. Kriegsmann,** Privatdozent in Kiel. 3. Aufl. 1910. 4 M.

10. **Das Reichsbeamtengesetz** von **J. Pieper.** 2. Aufl. 1901. 4 M. 50 Pf.

— Reichsbeamtengesetz von 1907 siehe Nr. 82.

11. **Zivilprozeßordnung mit Gerichtsverfassungsgesetz.** Von **R. Sydow.** Fortgeführt von **L. Busch,** Reichsgerichtsrat, jetzt zugleich mit **A. Busch,** Gerichtsassessor. 14. Aufl. 8°. 1913. 8 M.

12. **Strafprozeßordnung und Gerichtsverfassungsgesetz nebst den Gesetzen, betr. die Entschädigung der im** Wiederaufnahmeverfahren freigesprochenen Personen **und die Entschädigung für unschuldig erlittene Untersuchungshaft. Von Dr. A. Hellweg, Reichsgerichtsrat.** 16. Aufl. Von Professor Dr. **Kohlrausch.** 1912. 3 M.

13. **Konkursordnung und Anfechtungsgesetz. Von R. Sydow.** Fortgeführt von **L. Busch.** 11. Aufl. 1911. 2 M. 80 Pf.

14. **Gerichtsverfassungsgesetz** mit Einführungsgesetz. **Herausgegeben von R. Sydow.** Fortgeführt von **L. Busch.** 9. Aufl. 1905. Mit Nachtrag v. 1. VI. 1909. 1 M. 50 Pf.

15. **Das Deutsche Gerichtskostengesetz nebst den Gebührenordnungen für Gerichtsvollzieher, Zeugen und Sachverständige. Von R. Sydow. Weiter bearbeitet von** Reichsgerichtsrat **L. Busch** u. Gerichtsassessor **Arno Busch.** 9. Aufl. 1912. 2 M. 60 Pf.

16. **Rechtsanwaltsordnung. Von R. Sydow.** 5. Aufl. von Justizrat **M. Jacobsohn.** 1907. Mit Ergänzungen vom 22. V. 1910. 1 M. 20 Pf.

17. **Die Deutsche Gebührenordnung für Rechtsanwälte und das Preußische Gebührengesetz vom 27. September / 6. Oktober 1899. Von R. Sydow.** Fortgeführt **von L. Busch.** 10. Aufl. 1911. 2 M. 70 Pf.

18. **Reichsstempelgesetz** vom 15. Juli 1909 in der durch das Zuwachssteuergesetz vom 14. Februar 1911 ge-

änderten Fassung. (Börsen-, Lotterie- [Spiel und Wette-], Frachturkunden-, Fahrkarten-, Kraftfahrzeug-, Tantieme-, Scheck- und Grundstücksübertragungssteuer.) Mit den gesamten Ausführungsbestimmungen. 11. Aufl. von Geh. **Regierungsrat P. Loeck.** 1912. 8°. 6 M.

19. **Die Seegesetzgebung.** Von Dr. **W. E. Knitschky. 4. Aufl.** bearbeitet von **Oberlandesgerichtsrat Otto Rudorff in Hamburg.** 1908. **Mit Anhang,** enthaltend die Bestimmungen von 1909. 6 M.

20. **Krankenversicherungsgesetz.** Von weil. Dr. **E. von Woedtke.** 11. **Aufl.** von Geh. Reg.-Rat Dr. **G. Eucken-Addenhausen.** 1905. 3 M. Siehe auch Bd. 107.

21. **Die Konsulargesetzgebung.** Von Professor Dr. **Ph. Zorn. 3. Aufl.** bearbeitet von Reg.-Assessor Dr. **K. Zorn.** 1911. 4 M. 50 Pf.

22. **Patentgesetz. Nebst Ausführungsbestimmungen, völkerrechtlichen Verträgen und der Patentanwalts-Ordnung.** 7. **Aufl.** bearbeitet von **R. Lutter,** Geh. Reg.-Rat im Kaiserl. Patentamt. 1908. 2 M. 80 Pf.

23. **Gewerbe-Unfallversicherungsgesetz.** Von weil. Dr. **E. v. Woedtke.** 9. **Aufl.** von **Franz Caspar,** Direktor im Reichsamt des Innern. 1907. 2 M. 50 Pf. Siehe auch Bd. 108.

24. **Aktiengesellschaft und Kommanditgesellschaften auf Aktien.** Von Kammergerichtsrat Dr. **H. Keyßner** und Justizrat Dr. **H. Veit Simon. 6. Aufl.** von **Amtsrichter L. Keyßner.** 1911. 3 M.

25. **Brausteuergesetz** vom 15. Juli 1909. Von **A. Düffe,** Oberzollrevisor. 2. Aufl. 1910. 3 M.

26. **Die Reichsgesetzgebung über Münz- und Notenbankwesen, Papiergeld, Prämienpapiere und Reichsschulden.** Von Dr. jur. **R. Koch,** Präsident des Reichsbankdirektoriums. 6. Aufl. 1910. 4 M.

27. **Die Gesetzgebung, betr. das Gesundheitswesen** im Deutschen Reich. Von Dr. jur. **C. Goesch** und Dr. med. **J. Karsten.** 1888. 1 M. 60 Pf.

28. **Bau-Unfallversicherungsgesetz.** Vom 30. Juni 1900. Von **R. Chrzescinski,** Kaiserl. Regierungsrat. 3. Aufl. 1900. 2 M. Siehe auch Bd. 108.

29. **Erwerbs- und Wirtschaftsgenossenschaften.** Von **L. Parisius** und Dr. **H. Crüger.** 14. neubearb. Aufl. von Dr. **H. Crüger.** 1912. 1 M. 80 Pf.

30. **Invalidenversicherungsgesetz** vom 13. Juli 1899. Von weil. Dr. **E. v. Woedtke.** 10. Aufl. von Regierungsrat **H. Follmann.** 1906. 4 M. (Vergriffen!) Neue Fassung s. Bd. 109 Reichsversicherungsordnung.

31. **Gewerbegerichtsgesetz.** Von Stadtrat **L. Mugdan.** 7. Aufl. bearbeitet von **W. Cuno,** Oberbürgermeister zu Hagen i. W. 1911. 2 M. 50 Pf.

32. **Reichsgesetz, betr. die Gesellschaften mit beschränkter Haftung.** Von **L. Parisius** und Dr. **H. Crüger.** 12. Aufl. von Dr. **H. Crüger.** 1912. 1 M. 80 Pf.

33. **Vereins- und Versammlungsrecht.** Von Dr. **E. Ball.** 2. Aufl. von Dr. **F. Friedenthal.** 1907. 2 M. 50 Pf.
Reichs-Vereinsgesetz vom 19. April 1908 vide Nr. 88.

34. **Die Abzahlungsgeschäfte.** Gesetz vom 16. Mai 1894. 3. vermehrte Aufl. besorgt von Dr. **E. Wilke,** Landgerichtsrat. 1910. 1 M. 25 Pf.

35. **Die Reichs-Eisenbahngesetzgebung.** Von **W. Coermann,** Kaiserl. Amtsrichter. 1895. 2 M. 25 Pf. Siehe auch Bd. 66.

36. **Gesetze,** betr. die **privatrechtlichen Verhältnisse der Binnenschiffahrt und der Flößerei.** Von **E. Löwe,** Landgerichtsrat. 4. Aufl. 1909. 3 M.

37. **Gesetz** gegen den **unlauteren Wettbewerb.** Von Justizrat **A. Pinner.** 6. Auflage. 1912. 1 M. 50 Pf.

38/39. **Bürgerliches Gesetzbuch nebst Einführungsgesetz** von Dr. **A. Achilles.** In Verbindung mit Professor Dr. **André,** Kammergerichtsrat **Ritgen,** Reichsgerichtsrat Dr. **Strecker,** Senatspräsident Dr. **v. Unzner,** herausgegeben von Wirkl. Geh. Ober-Justizrat und Oberlandesgerichtspräsident **Greiff.** 7. Aufl. 8°. 1912. 7 M.

40. **Gesetz,** betr. die **Pflichten der Kaufleute bei Aufbewahrung fremder Wertpapiere (Depotgesetz).** Mit Erläuterungen. Von **F. Lusensky,** Geh. Ober-Regierungsrat. 2 Aufl. 1905. 1 M.

41. **Börsengesetz.** In der Fassung der Novelle vom 8. Mai 1908. 2. Aufl. Von Wirkl. Geh. Ob.-Regierungsrat **Th. Hemptenmacher,** Staatskommissar an der Berliner Börse. 1908. 2 M.

42. **Grundbuchordnung** nebst den preußischen Ausführungsbestimmungen. Mit Einleitung. Von Prof. Dr. **O. Fischer.** 6. Aufl. 1912. 2 M.

43. **Zwangsvollstreckung in das unbewegliche Vermögen** im Reiche und in Preußen. Mit Einleitung, Kosten- und Gebührentabellen. Von Dr. **J. Krech,** Kaiserl. Geh. Regierungsrat und Professor Dr. **O. Fischer.** 6. Aufl. 1910. 2 M.

44. **Das Reichsgesetz über das Auswanderungswesen** vom 9. Juni 1897. Von Professor Dr. **Felix Stoerk.** 1899. 2 M. 25 Pf.

45. **Das Entmündigungsrecht** unter Berücksichtigung der für Preußen geltenden Vorschriften nebst der preußischen Justiz-Ministerial-Verfügung vom 28. November 1899. Von Landgerichtsrat Dr. **P. Koll** in Cöln. 1900. 1 M. 50 Pf.

46. **Die Gesetze des Reiches und Preußens über die freiwillige Gerichtsbarkeit.** Von **Herm. Jastrow,** Amtsgerichtsrat. 5. Aufl. 1911 3 M. 60 Pf.

47. **Das deutsche Vormundschaftsrecht und das preuß. Gesetz über die Fürsorgeerziehung Minderjähriger nebst den dazu gehörigen preußischen Nebengesetzen.** Von Oberverwaltungsgerichtsrat **Max Schultzenstein** und Amtsgerichtsrat Dr. **Paul Köhne.** 2. Aufl. 1901. 3 M.

48. **Gesetze und Verordnungen, betr. den Drogen-, Gift- und Farbenhandel außerhalb der Apotheken.** Von Dr. **J. Broh,** Rechtsanwalt. 1899. 1 M. 25 Pf.

49. **Deutsche Kolonialgesetzgebung.** Von Geh. Justizrat Professor Dr. **Philipp Zorn.** 2. Aufl. von Gerichtsassessor Dr. **Sassen.** 1913. 7 M. 50 Pf.

50. **Der Viehkauf** (Viehgewährschaft) nach dem Bürgerlichen Gesetzbuche. Nebst Verordn. betr. die Hauptmängel und Gewährsfristen beim Viehhandel. Von Rechtsanwalt Dr. **H. Stölzle** und Königl. Kreistierarzt **H. Weiskopf.** 5. Aufl. 1913. 6 M.

51. **Hypothekenbankgesetz vom 13. Juli 1899.** Von Dr. **H. Göppert.** 2. Aufl. Bearbeitet v. Geh. Reg.-Rt. Dr. **Seidel.** 1911. 2 M. 40 Pf.

52. **Gesetz, betreffend die gemeinsamen Rechte der Besitzer von Schuldverschreibungen.** Von Dr. **Heinrich Göppert.** 1900. 2 M.

53. **Reichspreßgesetz vom 7. Mai 1874.** Mit Kommentar von **A. Born,** Erster Bürgermeister der Stadt Marienburg (Westpr.). 1911. 2. Aufl. 2 M.

54. **Die Reichsgesetzgebung über den Verkehr mit Nahrungsmitteln, Genußmitteln und Gebrauchsgegenständen.** Von Dr. **Georg Lebbin,** Nahrungsmittelchemiker in Berlin. 1900. 2 M. 25 Pf.

55. **Das Recht der Beschlagnahme von Lohn- und Gehaltsforderungen.** Von Justizrat **Georg Meyer.** 4. Aufl. 1910. 2 M. 60 Pf.

56. **Gesetz,** betr. die **Bekämpfung gemeingefährlicher Krankheiten.** Nebst **Ausführungsbestimmungen.** Von Dr. **Bruno Burkhardt,** Regierungsrat, Mitglied des Kais. Gesundheitsamts. 1900. 1 M. 40 Pf.

57. **See-Unfallversicherungsgesetz.** Von Dr. **Max Mittelstein,** Oberlandesgerichtsrat in Hamburg. 1901. 2 M. Siehe auch RG. Bd. 108.

58. **Das Recht der unehelichen Kinder nach dem BGB.** Von **Hermann Jastrow,** Amtsg.-Rat. 1901. 1 M. 80 Pf.

59. Reichsgesetz über die **Beurkundung des Personenstandes und die Eheschließung.** Von Dr. **F. Fidler,** Amtgerichtsrat. 1912. 2. Aufl. 2 M. 50 Pf.

60. **Gesetz,** betreffend das **Urheberrecht an Werken der Literatur und der Tonkunst** in der Fassung vom 22. V. 1910. Von Geh. Justizrat **Otto Lindemann.** 3. Aufl. 1910. 1 M. 60 Pf.

61. **Gesetz über das Verlagsrecht.** Von Justizrat **E. Heinitz.** 2. Aufl. Bearbeitet v. Rechtsanwalt Dr. **Br. Marwitz.** 1911. 1 M. 80 Pf.

62. Ges. über **private Versicherungsunternehmungen.** Von **H. Könige,** Reichsgerichtsrat. 2. Aufl. 1910. 4 M. 20 Pf.

63. **Gesetzestafel des Deutschen Reichsrechts.** Systematisch geordnete Nachweisung des z. Z. geltenden Reichsrechts. Ergänzungsband zu der Guttentag'schen Sammlung Deutscher Reichsgesetze. Von **Hugo Bruhns,** Bürgermeister. 2. Aufl. 1913 3 M. 50 Pf.

64. **Gesetzsammlung betr. den Handel mit Drogen und Giften.** Reichsgesetzl. Bestimmungen und Anhang mit den landesgesetzl. Verordnungen sämtlicher Bundesstaaten. Von Rechtsanwalt **H. Sonnenfeld,** Syndik. d. Berl. Drogisten-Innung. 2. Aufl. 1912. 4 M.

65. Das **Weingesetz** in der Fassung v. 1909. Mit Ausführungsbestimmungen von Dr. **Georg Lebbin,** Nahrungsmittelchemiker. 2. Aufl. 1909. 2 M. 50 Pf.

66. Die **Eisenbahn-Gesetzgebung.** Von **W. Pietsch,** Rechnungsrat im Reichs-Eisenbahn-Amt. 2. Aufl. 1913. 3 M. 60 Pf.

67. **Militär-Strafgesetzbuch.** Von **Romen** u. **Rissom.** 1912. 6 M.

68. Das **Fleischbeschaugesetz.** Vom 3. Juni 1900. Von Dr. **Georg Lebbin,** Nahrungsmittelchemiker und Rechtsanwalt Dr. **Georg Baum.** 1903. 4 M.

69. **Reichsgesetz über die Naturalleistungen der bewaffneten Macht im Frieden** nebst den in Preußen geltenden Bestimmungen. Von Regierungsassessor Dr. **Walter v. Hippel.** 1903. 1 M. 25 Pf.

70. **Das Reichs-Haftpflichtgesetz,** vom 7. Juni 1871. Von Regierungsrat Dr. **G. Eger.** 1903. 3 M.

71. **Kinderarbeit in gewerblichen Betrieben,** v. 30. März 1903. Von **H. Spangenberg,** Oberverwaltungsgerichtsrat. 2. Aufl. 1904. 1 M. 60 Pf.

72. **Unfallversicherungsgesetz für Land- und Forstwirtschaft** von weil. Dr. **E. von Woedtke,** fortgesetzt von **Alfred Radtke,** Geh. Regierungsrat und Senatspräs. im Reichsversicherungsamt. 2. Aufl. 1904. 4 M. 50 Pf.

73. **Entschädigung für unschuldig erlittene Verhaftung und Bestrafung.** Nebst Anhang, enth. die dazu gehörigen Nebengesetze über Schadensersatz. Von Dr. jur. **A. Romen,** Wirkl. Geh. Kriegsrat. 1904. 2 M.

74. Die **Kaufmannsgerichte** nebst den preuß. Ausführungsbestimmungen. Von Prof. Dr. **Max Apt,** 3. Aufl. 1905. 2 M.

75. Reichsgesetz über die **Konsulargerichtsbarkeit.** Von Dr. jur. **A. F. Vorwerk,** Rechtsanwalt in Schanghai. 2. Ausgabe, mit dem Schutzgebietsgesetz und der Ausführungsverordnung, betr. die Rechtsverhältnisse in den Schutzgebieten. 1908. 2 M.

76. **Die Rechtshilfe im Verkehr mit den ordentlichen Gerichten nach deutschem Reichsrecht.** Von Landrichter Dr. **A. Friedländer.** 1906. 1 M. 80 Pf.

77. **Das Reichserbschaftssteuergesetz.** Vom 3. Juni 1906. Von **Ulrich Hoffmann,** Rechnungsrat im Kgl. Preuß. Finanzministerium. 2. Aufl. 1911. 5 M.

78. **Zigarettensteuergesetz. Vom** 15. Juli 1909. **Von** Dr. **Cuno, Regierungsassessor.** 2. Aufl. in Vorbereitung, nach Erlaß der sämtlichen Ausf.-Best.

79. **Die Militärpensionsgesetze vom** 31. **Mai** 1906 **nebst Ausführungsbestimmungen.** Zum Gebrauch **für Heer, Marine und Schutztruppe von** Dr. jur. **A. Romen, Wirklicher** Geheimer **Kriegsrat.**

a) I. Teil: Offizierpensionsgesetz. 1907. 3 M. 50 Pf.

b) II. Teil: Mannschaftsversorgungsgesetz. 1908. 3 M. 50 Pf.

80. **Reichsgesetzgebung über gerichtliche Registerführung.** Von **Otto Lindemann,** Geh. Justizrat 1906. 3 M.

81. **Gesetz, betr. Urheberrecht an Werken der bildenden Künste und der Photographie.** Von Dr. **Ludw. Fuld, Rechtsanwalt.** 1907. 1 M.

82. **Reichsbeamtengesetz in der Fassung vom** 18. **Mai** 1907 **und seine Ergänzungen von Geheimrat** Professor Dr. **Ad. Arndt.** 1908. 3 M.

83. **Reichsgesetz** über **den Versicherungsvertrag nebst** Einführungsgesetz. Von Dr. **Paul Hager** und Dr. **E. Bruck.** 3. vermehrte u. verbess. Aufl. 1913. 6 M.

84. **Sammlung kleinerer privatrechtlicher Reichsgesetze** v. Oberl.-Ger.-R. **Georg Müller.** 1908. 6 M. 50 Pf.

85. **Scheckgesetz** mit Einleitung usw. Von Prof. Dr. **Max Apt.** 5. Aufl. Mit Postscheckordnung v. 6. XI. 1908 und im Anhang „Besteuerung des Schecks". 1909. 2 M.

Postscheckordnung vom 6. XI. 08. Apart mit Erläuterungen u. Ausführungsbestimmungen. (30 Pf.)

86. **Die Auslieferungsverträge des Deutschen Reiches** von Landrichter **A. Cohn.** 1908. 4 M.

87. **Gesetz zum Schutz der Warenbezeichnungen.** Von Geh. Reg.-Rat, Mitgl. des Patentamts Dr. **Freund** u. Rechtsanwalt **Magnus.** 5. Aufl. 1909. 3 M. 50 Pf.

88. **Vereinsgesetz** vom 19. April 1908. Von Dr. jur. **A. Romen,** Wirkl. Geh. Kriegsrat. 3. Aufl. 1912. 2 M. 50 Pf.

89. **Vogelschutzgesetz** vom 30. Mai 1908 nebst den das Flugwild betr. Bestimmungen der Preußischen Jagdordnung von Dr. jur. **Leo von Boxberger.** 1908. 1 M.

90. Die Haager Abkommen über das **Internationale Privatrecht** von Dr. **G. A. E. Bogeng.** 1908. 2 M. 20 Pf.

91. **Eisenbahn-Verkehrsordnung** vom 23. Dez. 1908. Mit Ausführungsbestimmungen. Von Regierungsassessor bei der Eisenbahndirektion Breslau Dr. **Ernst Blume.** 1909. 2 M. 50 Pf.

92. Gesetz, betr. den **Verkehr mit Kraftfahrzeugen.** Von Amtsrichter **R. Kirchner.** 2. **Ausgabe** ergänzt durch die Bundesratsverordn. v. 3. Febr. 1910 u. das Intern. Uebereinkommen v. 11. Okt. 1909. 1910. 3 M.

93. Gesetz über die **Sicherung der Bauforderungen** von Justizrat Dr. **E. Harnier.** 3. Aufl. 1912. 1 M. 60 Pf.

94. **Haftpflicht der Reichs- und Staats-Beamten** v. Dr. **H. Delius.** 2. Aufl. 1909. Mit Nachtrag, enthaltend das Gesetz über die Haftung des Reichs für seine Beamten v. 22. Mai 1910. 3 M. 50 Pf.

95. Die Berner Uebereinkunft über **internationales Urheberrecht** von Dr. **Herm. Dungs,** vortrag. Rat im Reichsjustizamt. 1910. 1 M.

96. **Branntweinsteuergesetz** vom 15. Juli 1909. Unter Berücksichtigung der für das Reich erlassenen Ausführungsbestimmungen. Von Geh. Reg. Rat **Johs. Nay**, vortrag. Rat im Reichsschatzamt. 1910. 3 M. 50 Pf.

97. **Schutzgebietsgesetz** nebst der Verordn. betr. die Rechtsverhältnisse i. d. Schutzgebieten, dem Gesetz über die Konsulargerichtsbarkeitsgesetz sowie den Ausführungsbest. u. ergänzenden Vorschriften. Von **Johs. Gerstmeyer**, Wirkl. Legationsrat u. Vortrag. Rat im Reichskolonialamt. 1910. 3 M.

98. **Sechs Haager Abkommen über Internationales Privatrecht.** Von Dr. **Herm. Dungs**, vortrag. Rat im Reichsjustizamt. 1910. 1 M. 50 Pf.

99. **Die Abkommen der Haager Friedenskonferenz** von Dr. jur. **Hans Wehberg.** 1910. 3 M.

100. **Gesetz über den Absatz von Kalisalzen.** Von Geh. Bergrat **Carl Voelkel.** 1910. 2 M. 40 Pf.

101. **Zuwachssteuergesetz** vom 14. Febr. 1911. Von Dr. **W. Cuno**, Reg.-Rat im Reichsschatzamt. 1911. 3 M. 60 Pf.

102. **Urheberrecht an Mustern u. Modellen** u. Ges. betr. Schutz von Gebrauchsmustern von Reg.-Rat **Johs. Neuberg**, Mitgl. d. K. Patentamts. 1911. 2 M. 40 Pf.

103. **Reichs-Viehseuchengesetz** vom 26. Juni 1909 nebst Ausführungsvorschriften u. dem preuß. Ausführungsgesetz Von Landrat Dr. **Walter v. Hippel.** 2. Aufl. 1912. 4 M. 50 Pf.

104. **Versicherungsgesetz** für Angestellte vom 20. Dez. 1911. Von Rechtsanwalt **O. Bernstein** und Dr. **J. Kupferberg.** 2. Aufl. 1912. 3 M. 50 Pf.

105. **Das Geldwesen in den deutschen Schutzgebieten.** Von **W. Hintze**, Geheimer exped. Sekretär im Reichskolonialamt. 1912. 2 M.

106-109. **Reichs-Versicherungs-Ordnung nebst Einführungsgesetz:** Herausgegeben unter Mitwirkung von Dr. **F. Caspar,** Wirkl. Geh. Rat, Direktor im Reichsamt d. Innern und **A. Spielhagen,** Geh. Ob.-Reg. Rat, vortrag. Rat im Reichsamt d. Innern. 4 Bände. Preis pro Band etwa 3—4 M.

106. Erstes, fünftes und sechstes Buch. **Gemeinsame Vorschriften. — Beziehungen der Versicherungsträger zu einander und zu anderen Verpflichteten. — Verfahren.** Bearbeitet von Dr. **K. Lippmann,** Reg.-Rat im Reichsversicherungsamt, Professor, Geh. Rat. Dr. **L. Laß** und Geh. Reg.-Rat **H. Siefart,** vortrag. Räte im Reichsamt des Innern. 1912. Im Druck.

107. Zweites Buch. **Krankenversicherung.** Von Geh. Reg.-Rat. **H. Siefart,** vortrag. Rat im Reichsamt des Innern. 1912. Im Druck.

108. Drittes Buch. **Unfallversicherung.** Von Geh. Reg.-Rat **A. Radtke,** Senatsvorsitzender im Reichsversicherungsamt. 1912. Im Druck.

109. Viertes Buch. **Invaliden- und Hinterbliebenenversicherung.** Bearbeitet von Geh. Ober-Regierungsrat **B. Jaup,** vortragender Rat im Reichsamt des Innern und **H. Follmann,** Geh. Reg.-Rat im Reichsversicherungsamt. 1912. 4 M.

110. **Wehrbeitragsgesetz.** Von Geh. Ober-Finanzrat **A. Fernow.** 1913. 1 M. 60 Pf.

111. **Reichs- und Staatsangehörigkeit.** Vom 22. Juli 1913. Von Dr. **R. Romen,** Wirklichen Geheimen Kriegsrat. 1913. 2 M. 20 Pf.

In Vorbereitung:

Besitzsteuergesetz (Vermögens-, Zuwachssteuergesetz). Von Geh. Ober-Finanzrat **A. Fernow.**

Guttentag'sche Sammlung

Preußischer Gesetze.

Text-Ausgaben mit Anmerkungen. Taschenformat.

---

1. **Die Verfassungs-Urkunde** für den Preußischen Staat. Mit Einleitung, vollständigem Kommentar. Von Prof. Dr. **Adolf Arndt.** 7. Aufl. 1911. 4 M.

2. Preußische **Beamten-Gesetzgebung.** Enthaltend die wichtigsten Beamtengesetze in Preußen. Von **C. Pfafferoth.** 4., neubearb. Aufl. 1905. Mit Anhang: Abänderung vom 27. Mai 1907. 2 M.

3. **Die Aufnahme des Notteftaments** durch die bestellten Urkundspersonen. Anweisung mit Musterbeispielen und Abriß des Erbrechts von Amtsgerichtsrat **C. Kurtz.** 1904. 1 M. 50 Pf.

4. **Gebührenordnung** für Notare vom 25. Juli 1910 4. Aufl. bearbeitet von Justizrat **Rausnitz.** 1910. 2 M. 20 Pf.

5. **Gesetz vom 24. April 1854 (betr. die außerehel. Schwängerung). Von Dr. Schulze.** 1873. 75 Pf. Gültiges Recht siehe: Reichsgesetze Nr. 58.

6. **Die Preuß. Ausführungsgesetze und Verordnungen zu den Reichs-Justizgesetzen. Von R. Sydow.** Siehe Seite 24, **Busch-Eylau, Ausführungsgesetze.**

7. **Allg. Gerichtsordnung und Preuß. Konkursordnung. Von F. Vierhaus. Vergriffen.**

8. **Vormundschaftsordnung.** Von **F. Schultzenstein.** Gültiges Recht siehe: Reichsgesetze Nr. 47.

9. **Die Preußische Grundbuchgesetzgebung.** Von Prof. Dr. **Fischer.** Vergriffen. Siehe: Reichsgesetze Nr. 42.

10. **Einkommensteuergesetz.** Von **A. Fernow,** Geh. Ober-Finanzrat. 8. Aufl. 1913. 5 M.

11. **Gewerbesteuergesetz.** Von **A. Fernow,** Geh. Ober-Finanzrat. 5., vermehrte Aufl. 1910. 3 M.

12. **Allgemeines Berggesetz** für die Preußischen Staaten vom 24. Juni 1865. Von **W. Westhoff** und **W. Schlüter.** 3. Aufl. bearbeitet von **Schlüter** und **Hense,** Oberbergräten. 1913. 7 M. 50 Pf.

13. **Ergänzungssteuergesetz** (Vermögenssteuergesetz). Von **A. Fernow,** Geh. Ober-Finanzrat. 4. vermehrte Aufl. 1907. 2 M. 40 Pf.

14. **Kommunalabgabengesetz.** Vom 14. Juli 1893 und Gesetz wegen Aufhebung direkter Staatssteuern. Von Dr. **F. Adickes,** Oberbürgermeister. 5. Aufl. Bearb. v. Stadtrat Dr. **Woell.** 1911. 2 M. 40 Pf.

15. **Die Kreisordnungen** für den Preußischen Staat. Von **O. Kolisch,** Landgerichtsrat. 1894. 4 M.

16. **Konzessionierung gewerblicher Anlagen.** Preuß. Ausführungs-Anweisung zu §§ 16 u. ff. der Gewerbe-Ordnung. Von Dr. **W. v. Rüdiger,** Geh. Regierungs- u. Gewerberat. 2. Aufl. 1901. 2 M.

17. **Preußisches Gerichtskostengesetz.** Vom 25. Juli 1910. Mit Kostentabellen. Von Dr. **P. Siméon,** Kammergerichtsrat. 7. Aufl. 1913. 4 M.

18. **Preußisches Stempelsteuergesetz** vom 30. Juni 1909. Mit sämtl. Ausf.-Bestimmungen. Von **P. Loeck,** Geh. Regierungsrat. 7. Aufl. 8°. 1911. 7 M.

19. **Das Jagdscheingesetz.** Mit ausführlichen Erläuterungen. Von **F. Kunze,** Wirklichem Geh. Ober-Regierungsrat. 2. Aufl. 1899. 2 M.

20. **Die preußischen Erbschaftssteuergesetze.** Unter Berücksichtigung der Novelle vom 31. Juli 1895. Von **U. Hoffmann,** Rechnungsrat im Königl. preuß. Finanzministerium. 1905. 4 M.
(Reichs-Erbschaftssteuergesetz s. Reichsgesetze Nr. 77).

21. **Gesetz über die Handelskammern.** Von **F. Lusensky,** Geh. Regierungsrat. 2. Aufl. 1909. 3 M.

22. **Gesetz, betr. Anstellung und Versorgung der Kommunalbeamten.** Von Dr. **W. Ledermann,** Magistratsassessor zu Berlin. 1899. 1 M. 25 Pf.

23. **Ausführungsgesetz zum Bürgerlichen Gesetzbuche.** Von Kammergerichtsrat Dr. **P. Siméon.** 2. Aufl. 1905. 1 M. 80 Pf. S. auch Busch-Eylau S. 24.

24. **Die Hinterlegungsordnung in der Fassung des Ausführungsgesetzes z. BGB. v. 20. Sept. 1899** nebst Ausführungsbestimmungen. Von Regierungsrat Dr. **Georg Bartels.** 2. Aufl. 1908. 2 M.

25. **Preußische Kommunalbeamtengesetzgebung.** Von Magistr.-Assess. Dr. **Fr. Kremski**, Berlin. 1901. 3 M.

26. **Gesetze über das Diensteinkommen der Lehrer und Lehrerinnen, Ruhegehalt und Fürsorge für Hinterbliebene.** Tabelle zur Berechnung der Ruhegehalts-, Witwen- u. Waisenbezüge. Von Dr. **Ed. Cremer**, Beigeordneter. 1900. 2 M. 40 Pf.

27. **Gesetz, betreffend die Warenhaussteuer.** Von Geh. Ober-Finanzrat Dr. **G. Strutz.** 1900. 1 M. 20 Pf.

28. **Gesetz über die Fürsorgeerziehung Minderjähriger.** Von Landgerichtsdirektor Dr. **P. F. Aschrott.** 2. umgearbeitete Aufl. 1907. 2 M. 80 Pf.

29. **Gesetz,** betr. **die ärztlichen Ehrengerichte, das Umlagerecht und die Kassen der Aerztekammern.** Von Amtsgerichtsrat Dr. **F. Fidler.** 1901. 1 M. 50 Pf.

30. **Das Preußische Staatsschuldbuch und Reichsschuldbuch.** Von Wirkl. Geh. Ober-Finanzrat **J. Mücke.** 1902. 2 M.

31a. **Die geltenden Preußischen Gesindeordnungen.** Herausgegeben in zwei Bänden von **Stephan Gerhard,** Rechtsanwalt in Berlin. 1902.

Band I: Gesindeordnung für die altpreußischen Provinzen vom 8. XI. 1810, mit Erläuterungen unter Berücksichtigung der Ergänzungsgesetze und der Rechtsverhältnisse der Gesindevermieter, sowie die Gesindeordnungen für Neuvorpommern und Rügen und für die Rheinprovinz. 2 M. 50 Pf. Neue Aufl. in Vorbereitung.

31b. **Band II:** Gesindeordnungen für Hannover, Schleswig-Holstein, Hessen-Nassau und den Regierungsbezirk Hohenzollern. 2 M. 50 Pf.

32. **Die Städteordnung für die sechs östlichen Provinzen Preußens vom 30. Mai 1853.** Von Stadtrat Dr. **Walter Ledermann** u. Magistratsrat Dr. **Ludwig Brühl.** 2. Aufl. 1913. 7 M. 50 Pf.

33. **Rentenguts- und Anerbenrechts-Gesetzgebung in Preußen.** Von Landgerichtsrat **M. Peltasohn** und Rechtsanwalt **Bruno Peltasohn.** 1903. 3 M.

34. **Sammlung der wichtigsten preußischen Strafgesetze nebst Anhang: Gesetz betr. polizeiliche Strafverfügungen vom 23. April 1883.** Von **Otto Lindemann,** Geheimen Justizrat. 1912. 2. Aufl. 3 M. 50 Pf.

35. **Geschäftsordnung für Gerichtsvollzieher. Gerichtsvollzieherordnung und Gebührensätze** von Amtsgerichtssekretär **Emil Exner.** 1904. 3 M. 50 Pf.

36. **Polizeiverordnungen in Preußen.** Von **Otto Lindemann,** Geh. Justizrat. 1912. 2. Aufl. 2 M. 50 Pf.

37. **Gesetz über die Enteignung von Grundeigentum vom 11. Juni 1874.** Von Oberlandesgerichtsrat **O. Meyer.** 2. Aufl. 1911. 2 M. 25 Pf.

38. **Kreis- und Provinzial-Abgabengesetz.** Vom 23. April 1906. Von **Fr. Schmidt,** Gemeindevorsteher. 1906. 1 M. 25 Pf.

39. **Gesetz betr. die Unterhaltung der öff. Volksschulen.** Von **Dr. A. Marcks,** Reg.-Rat. 1906. 2 M.

40. **Verwaltungsstrafverfahren bei Zuwiderhandlungen gegen die Zollgesetze und indirekte Reichs- und Landesabgaben, sowie die Bestimmungen über die Schlacht- und Wildpretsteuer v. 26. VII. 1897.** Von **Dr. R. Katzenstein,** Ger.-Ass. 1907. 3 M. 60 Pf.

41. **Die preußischen Jagdpolizeigesetze.** Von **Fr. Kunze,** Wirkl. Geh. Oberregierungsrat und **R. Kühnemann,** Rechtsanwalt. 2. Aufl. 1907. 3 M. 60 Pf.

42. **Die Gesetzgebung über die Allgemeine Landesverwaltung und über die Zuständigkeit der Verwaltungs- und Verwaltungsgerichtsbehörden.** Von Rechtsanwalt **Dr. Karl Friedrichs**. 1908. 3 M.
43. Gesetz, betr. die **Zulassung einer Verschuldungsgrenze** für land- und forstwirtschaftlich benutzte Grundstücke. Von Dr. jur. **R. Leweck,** Syndikus. 1908. 2 M. 40 Pf.
44. **Quellenschutzgesetz** nebst den Ausführungsbestimmungen. Von **Carl Voelkel,** Geheimer Bergrat. 1909. 1 M.
45. **Rechtsverhältnisse der Juden in Preußen.** Von Dr. jur. **Max Kollenscher,** Rechtsanwalt. 1910. 2 M. 40 Pf.
46. **Austritt aus der Landeskirche** v. 14. V. 1873. Von Gerichtsass. **Hrch. Chr. Caro.** 1911. 2 M. 40 Pf.
47. Gesetz, betr. die **Feuerbestattung** von Amtsgerichtsrat **Dr. W. Lohmann.** 1911. 1 M. 50 Pf.
48. **Zweckverbandsgesetz für Großberlin** vom 19. Juli 1911 nebst Abdruck des allgemeinen Zweckverbandsgesetzes. Von Magistratsräten Dr. **Ludw. Brühl,** Dr. **Kurt Gordan** und Stadtrat Dr. **Walter Ledermann** in Berlin. 1912. 4 M.
49. **Gesetze gegen die Verunstaltung landschaftlich hervorragender Gegenden** mit Ausführungsanweisungen. Von Regierungsrat **Otto Goldschmidt.** 1912. 2 M. 50 Pf.
50. **Gesetz, betr. die Anlegung und Veränderung von Straßen und Plätzen in Städten und ländlichen Ortschaften** von Oberlandesgerichtsrat **O. Meyer.** 1912. 3 M.
51. **Preußisches Disziplinargesetz** von **Dultzig** im Druck.
52. **Preußisches Wassergesetz** vom 7. April 1913 von Rechtsanwalt **Georg Wulff** und Rechtsanwalt **Ferd. Herold.** 1913. 5 M.

Guttentag'sche Sammlung von Text-Ausgaben mit Sachregister ohne Anmerkungen.

Taschenformat, elegant in Leinen gebunden.

Reichsversicherungsordnung. Text-Ausgabe mit ausführl. Sachregister. 1911. 2 M.

Zivilprozeßordnung mit **Gerichtsverfassungsgesetz** und **Einführungsgesetzen.** Neue Fassung von 1909 mit Ergänzungen v. 22. Mai 1910. 2 M.

Konkursordnung mit **Einführungsgesetz.** 80 Pf.

Bürgerliches Gesetzbuch nebst **Einführungsgesetz.** 10. Abdruck. 2 M. 50 Pf.

Handelsgesetzbuch nebst **Einführungsgesetz** u. **Seerecht.** 8. Abdruck. 1910. 1 M. 80 Pf.

Ausführungsanweisung zur Gewerbeordnung vom **1. Mai 1904 nebst der preuß. technischen Anleitung. 2 M.**

Reichsversicherungsordnung von 1911 (Kranken-, Unfall-, Invaliden- und Hinterbliebenenversicherung). 2 M.

Militärstrafgerichtsordnung nebst **Einführungsgesetz u. Ges., betr. Dienstvergehen der richterlichen Militärjustizbeamten u. unfreiwillige Versetzung derselben usw. Militär-Strafgesetzbuch** *). 2. Aufl. 1 M. 50 Pf.

*) **Ist auch einzeln zu haben. Preis 1 Mk.**

Wechselordnung mit Anhang: **Wechselprozeß und Ausführungsanweisung.** 1908. 1 M.

Die Preußischen Ausführungsgesetze zum Bürgerlichen Gesetzbuche und Nebengesetze. 5. Aufl. 1 M. 80 Pf.

Reichsfinanzgesetze v. 1909 einschl. der **Reichsstempelgesetze** u. des **Erbschaftssteuergesetzes.** 1909. 2 M.

Versicherungsgesetz f. Angestellte v. 20. Dez. 1911. 1 M. 25 Pf.

Zuwachssteuergesetz vom 14. Febr. 1911. 80 Pf. Ausführungsbestimmungen dazu 60 Pf.

Die Preußischen Ausführungsgesetze, Verordnungen und ministeriellen Verfügungen zu dem Bürgerlichen Gesetzbuche und den Reichs-Justizgesetzen nebst anderen zugehörigen Gesetzen. Von **L. Busch.** 2. Aufl. von Landrichter **O. Eylau.** 8°. Preis geb. 4 M. 50 Pf.

Preußische Bürgerliche Gesetzsammlung. Sammlung der noch geltenden Landesgesetze privatrechtlichen Inhalts. Herausgegeben von den Gerichtsassessoren **D. Fischer** und **Dr. F. Schroeder.** 8°. 2 Bände Preis geb. in ganz Leinen 20 M.

Erster Band: **Das Allgemeine Landrecht mit den Einführungs-Patenten.** Preis 6 M.

Zweiter Band: **Gesetze von 1773—1902.** Preis 14 M.

Strafgesetzbuch. Mit ausführl. Sachregister. 1912. 1 M. 20 Pf.

Schlagwort-Register.

R. = Nummer der Sammlung Deutscher Reichsgesetze.
P. = Nummer der Sammlung Preußischer Gesetze.
S. = Seite.

Nr. 5. IX. 1913. 16 000.

FSC
www.fsc.org
MIX
Papier | Fördert gute Waldnutzung
FSC® C083411

Kolibri 360 GmbH
Ferdinand-Jühlke-Straße 7
99095 Erfurt, Deutschland
produktsicherheit@kolibri360.de